SIEGFRIED JUTZI

Landesverfassungsrecht und Bundesrecht

Alle Rechte vorbehalten
© 1982 Duncker & Humblot, Berlin 41
Gedruckt 1982 bei Berliner Buchdruckerei Union GmbH., Berlin 61
Printed in Germany

ISBN 3 428 05115 7

Meinem verehrten Lehrer,
Herrn Staatssekretär Professor Dr. Walter Rudolf

Inhaltsverzeichnis

Einleitung 11

Erster Teil

A. Allgemeines 13

B. Art. 31 GG als Grundsatznorm 14

    I. Grundlagen 14

    II. Zur Auslegung des Art. 31 GG 16
        1. Verfassungsrechtliches Schrifttum 16
        2. Rechtsprechung des Bundesverfassungsgerichts 18

    III. Voraussetzungen und Rechtsfolgen des Art. 31 GG 19
        1. Voraussetzungen 19
            a) Verhältnis zu Spezialregelungen 19
            b) Kollisionslage 20
            c) Spezialproblem: Mit Bundesrecht inhaltsgleiches Landesverfassungsrecht 20
        2. Rechtsfolgen 24
            a) Meinungsstand 24
            b) Kritik und Stellungnahme 25

C. Verschiedene Verfassungsnormtypen und ihr Kollisionsspektrum 29

    I. Bundesrechtskonforme Auslegung 29

    II. Einteilung der Verfassungsnormtypen 29

    III. Kollisionsspektrum der Verfassungsnormtypen 32
        1. Unmittelbar geltendes Verfassungsrecht 32
            a) Staatsfundamentalnormen 32
            b) Grundrechte 35
            c) Sog. einfaches Verfassungsrecht 40

2. Verfassungsaufträge in weitem Sinne ... 40
a) Konkrete Verfassungsaufträge ... 41
aa) Konkrete verpflichtende Verfassungsaufträge ... 41
bb) Konkrete auffordernde und ermächtigende Verfassungsaufträge ... 45
b) Programmsätze ... 46
aa) Verpflichtende Programmsätze ... 47
bb) Auffordernde und ermächtigende Programmsätze ... 47
c) Zusammenfassung ... 47

D. Spezielle Probleme ... 49

I. Landesverfassungsrecht und Art. 124 und 125 GG ... 49
1. Gesetzestext ... 49
2. Problem ... 49
3. Zur Rechtsprechung des Bundesverfassungsgerichts ... 50
4. Lösung ... 50
5. Zusammenfassung ... 52

II. Landesverfassungsrecht und Art. 25 GG ... 52

E. Zusammenfassung des ersten Teils ... 54

I. Zu Art. 31 GG ... 54
II. Zum Kollisionsspektrum der verschiedenen Verfassungsnormtypen ... 55
III. Zu speziellen Problemen ... 57

Zweiter Teil

F. Beispiele zur Prüfung der Vereinbarkeit von Landesverfassungsrecht mit Bundesrecht ... 58

I. Allgemeines ... 58

II. Beispiele bundesrechtskonformer Auslegung ... 59
1. Art. 5 Abs. 2 Satz 1 LV R-P ... 59
2. Art. 60 Abs. 4 Satz 1 LV R-P ... 60

III. Beispiel zu Staatsfundamentalnormen ... 60
Art. 72 Satz 2 LV R-P ... 60

IV. Beispiele zu Grundrechten 63
    1. Art. 5 und Art. 60 LV R-P 63
    2. Art. 58 LV R-P 63
    3. Art. 57 Abs. 1 LV R-P 65

V. Beispiele zu sog. einfachem Landesverfassungsrecht 67
    Art. 57 Abs. 2 bis 4 LV R-P 67

VI. Beispiele zu konkreten Verfassungsaufträgen 71
    1. Art. 54 Abs. 1 Satz 1 LV R-P 71
    2. Art. 61 Abs. 1 und 2 LV R-P 71
    3. Art. 68 LV R-P 77

VII. Beispiele für Programmsätze 86
    1. Art. 51 LV R-P 86
    2. Art. 53 Abs. 2 LV R-P 90

Literaturverzeichnis 94

Abkürzungsverzeichnis

AO	=	Abgabenordnung
AöR	=	Archiv des öffentlichen Rechts
AS	=	Amtliche Sammlung von Entscheidungen der Oberverwaltungsgerichte Rheinland-Pfalz und Saarland
AZO	=	Arbeitszeitordnung
BayVBl.	=	Bayerische Verwaltungsblätter, Zeitschrift für öffentliches Recht und öffentliche Verwaltung
BayVerfGH	=	Bayerischer Verfassungsgerichtshof
BK	=	Bonner Kommentar
BRRG	=	Beamtenrechtsrahmengesetz
BVerfGE	=	Entscheidungen des Bundesverfassungsgerichts
BVerwGE	=	Entscheidungen des Bundesverwaltungsgerichts
DÖV	=	Die Öffentliche Verwaltung, Zeitschrift für Verwaltungsrecht und Verwaltungspolitik
DVBl.	=	Deutsches Verwaltungsblatt
Fn.	=	Fußnote
GG	=	Grundgesetz für die Bundesrepublik Deutschland
HdbDStR	=	Handbuch des Deutschen Staatsrechts
JÖR	=	Jahrbuch des Öffentlichen Rechts der Gegenwart
JR	=	Juristische Rundschau
JuS	=	Juristische Schulung
JZ	=	Juristenzeitung
LS S-H	=	Landessatzung für Schleswig-Holstein
LT	=	Landtag
LV B-W	=	Verfassung des Landes Baden-Württemberg
LV Bay	=	Verfassung des Freistaates Bayern
LV Bln	=	Verfassung von Berlin
LV Bre	=	Landesverfassung der Freien Hansestadt Bremen
LV Hbg	=	Verfassung der Freien und Hansestadt Hamburg
LV Hes	=	Verfassung des Landes Hessen
LV Nds	=	Vorläufige Niedersächsische Verfassung
LV N-W	=	Verfassung für das Land Nordrhein-Westfalen
LV R-P	=	Verfassung für Rheinland-Pfalz
LV SL	=	Verfassung des Saarlandes
M/D/H/S	=	Maunz / Dürig / Herzog / Scholz
N.F.	=	Neue Fassung
NJW	=	Neue Juristische Wochenschrift
RdA	=	Recht der Arbeit
Rspr.	=	Rechtsprechung
VerwArch	=	Verwaltungsarchiv, Zeitschrift für Verwaltungslehre, Verwaltungsrecht und Verwaltungspolitik
VVDStRL	=	Veröffentlichungen der Vereinigung der Deutschen Staatsrechtslehrer
WRV	=	Verfassung des Deutschen Reichs vom 11. 8. 1919

Einleitung

Die Verfassungen der Länder stehen seit je im Schatten ihres bundesrechtlichen Pendants[1]. Dies verwundert, wenn man sich die hervorgehobene Rolle einer geschriebenen Verfassung für die Rechtsordnung von Staaten vor Augen hält. Das in jüngster Zeit wieder spürbarer gewordene Engagement zugunsten des Föderalismus als eines freiheitssichernden politischen Handlungsstils[2] mit vielfältigen Vorteilen hat an diesem Zustand bisher nichts verändert; die Prädominanz des Bundes besteht unverändert. Vermutlich ist es auch diese „Oberstaatlichkeit" des Bundes, die das Verhältnis des Bundesrechts zum Landes(verfassungs-)recht etwas aus dem Blickfeld gleiten ließ; das „gute Recht" der Landesverfassungen wurde und wird darüber allzu leicht übersehen. Einige Autoren haben sich der Thematik allerdings gelegentlich angenommen[3]. Zuweilen gewinnen sogar Landespolitiker dieser verfassungsrechtlichen „Spezialität" etwas ab, wenn sie sich auf die Wirksamkeit oder Nichtigkeit landesverfassungsrechtlicher Bestimmungen, die ohne offensichtliches bundesrechtliches Ebenbild sind, berufen, um ihr Handeln oder ihre Forderungen zu rechtfertigen[4].

Die vorliegende Monographie versucht, etwas mehr Licht in das Verhältnis des Landesverfassungsrechts zum Bundesrecht zu bringen. Der Schwerpunkt der Arbeit liegt in einer auf diese Problematik zugeschnittenen Bildung von Verfassungsnormtypen, deren spezifisches Kollisionsspektrum aufgezeigt wird. Zur Verdeutlichung der Tauglichkeit einer solchen Typisierung wird am Ende der Untersuchung an-

---

[1] Vgl. z. B. die 1968 erschienene, interessante und immer noch aktuelle Schrift von *Rudolf*, Bund und Länder im aktuellen deutschen Verfassungsrecht, die — obwohl die Staatlichkeit der Länder herausstellend — die Landesverfassungen nicht erwähnt.

[2] Vgl. *Schreckenberger*, VerwArch, Bd. 69 (1978), S. 341 ff.; *Zippelius*, Allg. Staatslehre, S. 373; *Rudolf*, Bund und Länder, S. 13 ff.; *Hesse*, Der unitarische Bundesstaat, 1962; *Deuerlein*, Föderalismus, S. 306 ff.

[3] Vgl. neuerlich *v. Olshausen*, Landesverfassungsbeschwerde und Bundesrecht, 1980 m. w. N.

[4] Vgl. z. B. Abgeordneter Dr. *Eicher* in der 35. Sitzung der 8. Wahlperiode des LT Rheinland-Pfalz vom 23. 6. 1978, Sten. Ber., S. 1594, der die Art. 67 bis 71 LV R-P als „weitgehend obsolet" bezeichnete, nachdem der Abgeordnete *Schweitzer* die Auffassung vertreten hatte, die LV R-P schreibe die instituionalisierte Zusammenarbeit in einem Landeswirtschafts- und Sozialrat vor (Sten. Ber., S. 1590).

hand konkreter Bestimmungen der Landesverfassungen, vornehmlich der rheinland-pfälzischen und besonders aus dem Bereich der Wirtschafts- und Sozialordnung, deren Vereinbarkeit mit Bundesrecht geprüft. Bevor jedoch ein typisierendes „Schema" erstellt werden kann, sind zunächst einige grundlegende Ausführungen zum Verhältnis des Bundes- und Landesrechts, insbesondere zur Bedeutung von Artikel 31 GG, erforderlich.

Erster Teil

A. Allgemeines

Bund und Länder besitzen je eigene Staatlichkeit[1]. Ihre Rechtsordnungen sind prinzipiell selbständig[2], bundes- und gliedstaatliche Normsetzung beanspruchen die Gleichwertigkeit der beiderseitigen Geltungsansprüche.

Eine bundesstaatliche Verfassungsordnung muß aus diesem Grund eine Regelung für die Fälle enthalten, in denen glied- und zentralstaatliche Normen kollidieren[3]. Dies wird in aller Regel eine Vorrangnormierung einer Rechtskategorie sein. Gleichzeitig kommt in einer solchen Normenkollisions-Regelung zum Ausdruck, daß die Rechtsordnungen der Gliedstaaten der des Zentralstaates grundsätzlich ebenbürtig sind, weil es anderenfalls einer Vorrangregelung nicht bedürfte[4].

---

[1] Vgl. *Rudolf*, BVerfG und GG, S. 240 m. w. N. zur Rspr. des BVerfG; *Stern*, Staatsrecht, Bd. I, S. 11; *Herzog*, DÖV 1962, S. 81 ff.; *Kölble*, DÖV 1962, S. 583 ff. (in Erwiderung auf Herzog); *ders.*, DÖV 1962, S. 661 ff.; vgl. auch *Laband*, Staatsrecht, Bd. I, S. 55 ff., 94 ff.; kritisch *Doehring*, Staatsrecht, S. 114 ff. — Dazu, daß die Staatlichkeit der Länder durch stetig wachsende Bundeskompetenzen so sehr in Frage gestellt wird, daß die verfassungsrechtlich zulässige Grenze (Art. 79 Abs. 3 GG) erreicht sein dürfte, vgl. *Jutzi*, JuS 1978, S. 447 ff. m. w. N. Damit wird der auch in anderen Ländern zunehmend an Attraktivität gewinnende Föderalismus unnötig gefährdet (vgl. z. B. *Herzog*, Interview in der Staatszeitung R-P vom 10. 4. 1978, der den deutschen Föderalismus als den entscheidenden Exportartikel bezeichnet hat; s. auch *Horn*, Legitimation, S. 76 ff. m. w. N.; *Deuerlein*, Föderalismus, S. 290 ff.

[2] Dies gilt insb. auch für die Verfassungsräume des Bundes und der Länder. Vgl. BVerfGE 4, 178, 189; 6, 376, 382; 22, 267, 270; *Stern*, Staatsrecht, Bd. I, S. 11.

[3] Vgl. auch *Hensel*, HdbDStR, Bd. II, S. 313 ff.

[4] Vgl. auch *Doehl*, AöR, Bd. 51 (1927), S. 39 ff.

B. Art. 31 GG als Grundsatznorm

I. Grundlagen

1. Das Grundgesetz bestimmt den grundsätzlichen Vorrang des Bundesrechts vor dem Recht der Länder in Art. 31 GG mit dem lapidaren Satz: „Bundesrecht bricht Landesrecht".

„Art. 31 GG ist eine Kollisionsnorm; sie bestimmt, welches ‚Recht' im Falle kollidierender Normsetzung des Bundes- und des Landesgesetzgebers gilt[1]." Über den Charakter der Vorschrift als Kollisionsnorm — genauer müßte es heißen: Kollisionsvermeidungsnorm — besteht Einigkeit[2]. Der Teufel sitzt — wie meistens — im Detail.

2. Recht des Bundes liegt immer dann vor, wenn es von einem Bundesorgan erlassen worden ist[3]. Für Recht des Landes gilt das Entsprechende[4] unter Einschluß des Kommunalrechts. Die Suprematie des Bundes ist also so total, daß selbst eine Rechtsverordnung des Bundes[5] die Bestimmung einer Landesverfassung — zumindest faktisch — außer Kraft setzt.

Neben positivem, gesetztem Recht erfaßt Art. 31 GG auch Gewohnheitsrecht[6] des Bundes und der Länder. Bundesgewohnheitsrecht geht dem Landesrecht ebenfalls im Range vor. Schwierigkeiten bereitet allerdings die Feststellung des Rangs des Gewohnheitsrechts und dessen föderale Zuordnung. Während der Rang des Gewohnheitsrechts[7] für Art. 31 GG keine Bedeutung hat — schließlich verlangt Bundes-

---

[1] BVerfGE 26, 116, 135.

[2] Vgl. BVerfGE 26, 116, 135; 36, 342, 363; für die verfassungsrechtliche Literatur statt vieler: *Bernhardt*, BK, Art. 31, Rdn. 4; *Maunz*, in: M/D/H/S, GG, Art. 31, Rdn. 1; *Hamann/Lenz*, GG, Art. 31, Anm. A; *v. Mangoldt/Klein*, GG, Art. 31, Anm. III 3; *Gubelt*, in: v. Münch, GG, Art. 31, Rdn. 1.

[3] So die ganz h. M.; a. A. — zu Unrecht — einige Autoren für bundesweit geltende Tarifverträge; Nachw. bei *Gubelt*, Rdn. 6 bis 9.

[4] Auch die von einer Landesregierung erlassene Rechtsverordnung aufgrund einer bundesgesetzlichen Ermächtigung nach Art. 80 GG ist Landesrecht (vgl. BVerfGE 18, 407, 414).

[5] Die auf Bundesrecht beruhende Rechtsverordnung einer Landesregierung muß jedoch das Verfassungsrecht und das Gesetzesrecht des Landes beachten (BVerfGE 18, 407, 414, 418 f.).

[6] Die Existenz und Zulässigkeit von Gewohnheitsrecht dürfte heute keinem Zweifel mehr unterliegen.

[7] Ob Gewohnheitsrecht Verfassungsrang zukommen kann, ist außerordentlich zweifelhaft. Vgl. dazu *Tomuschat*, Verfassungsgewohnheitsrecht?

I. Grundlagen

recht jeder Stufe Vorrang selbst für Landesverfassungsrecht —, ist die föderale Zuordnung des Gewohnheitsrechts für Art. 31 GG von entscheidender Bedeutung.

Nicht tauglich erscheint, die Abgrenzung des Bundes- und Landesgewohnheitsrechts nach seiner lokalen Verbreitung vorzunehmen, da bundeseinheitlich geltendes Gewohnheitsrecht, ordnete man es in jedem Fall dem Bundesrecht zu, legislatorisch unangreifbar wäre, also versteinerte, wenn dem Bund keine Gesetzgebungsbefugnisse nach der Kompetenzordnung des Grundgesetzes für das betreffende gewohnheitsrechtlich „Geregelte" zustünde[8]. Die Lösung des Problems kann daher nur in Anlehnung an die im Grundgesetz getroffene Regelung für vorkonstitutionelles Recht (Art. 123 ff. GG) erfolgen. Bundesgewohnheitsrecht liegt daher nur vor, wenn der Bund für den Bereich, wollte er ihn regeln, gesetzgebungskompetent wäre[9]. Im Bereich der konkurrierenden Gesetzgebung muß Gewohnheitsrecht eine jedenfalls länderübergreifende Geltung[10] beanspruchen.

3. Art. 31 GG ist nur eine von mehreren Kollisionsregeln des Grundgesetzes. Es gibt noch eine Reihe weiterer Normen, die sich mit dem Verhältnis des Bundesrechts zum Landesrecht befassen. Insbesondere sind zu nennen: Art. 28 GG, der die Homogenität der verfassungsmäßigen Ordnungen in Bund und Ländern sichert und Art. 142 GG, der das Verhältnis bundes- und landesverfassungsrechtlicher Grundrechte behandelt sowie Art. 70 ff. GG[11], die die einfachgesetzliche Gesamtrechtsordnung zentral- und gliedstaatlich aufteilen. Daneben gibt es eher marginale Kollisionsvermeidungsbestimmungen wie beispielsweise Art. 98 Abs. 5 GG, der „geltendes Landesverfassungsrecht" über die Rechtsstellung der Richter in gewissem Umfang unberührt läßt, und allgemein anerkannte Auslegungsregeln (z. B. verfassungskonforme Auslegung; lex specialis geht lex generalis vor), die ebenfalls Kollisionen zu vermeiden trachten.

---

[8] Vgl. *Rupp*, Verwaltungsrecht, S. 591 f.; ders., DVBl. 1972, S. 232; a. A. *Zulegg*, DVBl. 1963, S. 321 f.; *Kimminich*, JuS 1969, S. 352 (h. M.) jeweils m. w. N., wonach Gewohnheitsrecht sich ohne Rücksicht auf Zuständigkeitsregelungen des GG bilde, aber im Bereich der ausschließlichen Landeszuständigkeit vom Landesgesetzgeber abänderbar sei.

[9] Ebenso *Haas*, DVBl. 1957, S. 373 f.; vgl. auch *Bachof*, DÖV 1958, S. 29.

[10] Im Bereich der ausschließlichen Gesetzgebung des Bundes kann selbstverständlich partielles Bundesgewohnheitsrecht entstehen, wie aus der Wertung des Art. 124 GG folgt. Im übrigen kommt die Wertung des Art. 125 Nr. 1 GG zum Zuge.

[11] Daraus folgt z. B., daß nur kompetenzgerecht erlassenes Bundesrecht Landesrecht verdrängt (für die WRV vgl. *Fleiner*, VVDStRL 6 (1929), S. 3, 6 ff.; *Hensel*, HdbDStR, Bd. 2, S. 313 f.).

II. Zur Auslegung des Art. 31 GG

Über die Bedeutung des Art. 31 GG und sein konkretes Anwendungsgebiet im einzelnen gibt es kontroverse Auffassungen, deren einzelnen Verästelungen nachzugehen, vorliegend zu weit führen würde. Es sind im wesentlichen zwei Problembereiche, die den Streit um Art. 31 GG beleb(t)en.

Zum einen ist unklar, wie weit der unmittelbare Anwendungsbereich des Art. 31 GG reicht. Dazu gehört als Unterfall die Frage, ob mit Bundesrecht inhaltsgleiches Landesrecht wirksam bleibt: ein Lieblingsthema des verfassungsrechtlichen Schrifttums, das wegen seiner „Spezialität" einer eigenen Betrachtung unterzogen werden soll[12]. Zum anderen ist gerade neulich die Rechtsfolgewirkung des Art. 31 GG, jedenfalls für den besonderen Bereich der Grundrechte, mit einem interessanten Ergebnis ins Gerede gekommen. Art. 31 GG soll Kollisionen nicht (mehr) im Wege der Derogation, sondern der Dilation lösen[13].

1. Verfassungsrechtliches Schrifttum

a) Die — jedenfalls bisher — herrschende Lehre[14] sah in Art. 31 GG eine Vorschrift, die eine Kollisionsfrage abschließend und unmittelbar regelt; dabei stand im Vordergrund die Unvereinbarkeit einer landesrechtlichen mit einer bundesrechtlichen Norm wegen ihres materiellen Inhalts. So hatte schon *Anschütz*[15] die entsprechende Formulierung des Art. 13 WRV („Reichsrecht bricht Landrecht") dahingehend verstanden, daß Art. 13 WRV „nach rückwärts als Aufhebung, nach vorwärts als Sperre" für die Landesgesetzgebung wirke.

Maunz[16] etwa formuliert heute: „Art 31 GG ist eine Kollisionsnorm, die — losgelöst vom Rang der jeweils konkurrierenden Rechtssätze — überall dort eingreift, wo ein Bundesstaatsrechtssatz, dessen Nichtigkeit sich nicht bereits aus dem Verstoß gegen eine höhere Norm des Bundesrechts ergibt, mit einem Landesrechtssatz konkurriert, der nicht schon wegen Verstoßes gegen höherrangiges Recht nichtig ist."

Eine Differenzierung zwischen einfachem und höherrangigem Recht wurde regelmäßig nicht erwogen. Vor allem aber *v. Mangoldt / Klein*[17]

---

[12] Dazu unten III. 1. c.

[13] Vgl. dazu *v. Olshausen*, Landesverfassungsbeschwerde und Bundesrecht, 1980.

[14] Vgl. *Bernhardt*, BK, Art. 31, Rdn. 29; *Hamann / Lenz*, GG, Art. 31, Anm. B 2; *Maunz*, in: M/D/H/S, GG, Art. 31, Rdn. 2; *ders.*, Staatsrecht, S. 246.

[15] *Anschütz*, WRV, Art. 13, Anm. 3.

[16] *Maunz*, in: M/D/H/S, GG, Art. 31, Rdn. 22.

[17] Vgl. *v. Mangoldt / Klein*, GG, Art. 31, Anm. III 4 bis 9; im Ansatz wohl zust. *Herzog*, DÖV 1962, S. 87; vgl. auch *Barbey*, DÖV 1960, S. 566 ff., 572 ff.

sind der Auffassung, Art. 31 GG sei im Verhältnis zwischen einfachen Bundesgesetzen zu einfachen Landesgesetzen bedeutungslos, weil die im Grundgesetz erfolgte abschließende Verteilung der Gesetzgebungszuständigkeiten, die, logisch gesehen, eine Stufe vor Art. 31 GG läge, die Verwirklichung des Art. 31 GG ausschließe.

b) Gestritten wurde im Schrifttum vor allem um die Frage, ob auch mit Bundesrecht (jeder Stufe) inhaltsgleiches Landesrecht (jeder Stufe) „gebrochen", das heißt unwirksam würde[18]. Anhand philologischer Bemühungen um den Begriff „brechen" und unter Berufung auf die Entstehungsgeschichte dieser Verfassungsnorm sowie deren Verhältnis zu Art. 142 GG, wonach die Länder mit dem Grundgesetz inhaltsgleiche Grundrechte verbürgen dürfen, wurde die Nichtigkeit inhaltsgleichen Landesrechts angenommen. Die im wesentlichen gleichgewichtige Gegenauffassung[19] kam u. a. mit Hilfe derselben Mittel und dem Charakter des Art. 31 GG als Kollisionsnorm zum Ergebnis, inhaltsgleiches Landesrecht werde jedenfalls nicht automatisch gebrochen, überwiegend wurde dies überhaupt nicht für möglich gehalten.

c) Gerade jüngst hat die lesenswerte Habilitationsschrift von *Henning v. Olshausen* die Diskussion um Art. 31 GG neu belebt. *v. Olshausen*, der sich von seiner Themenstellung her primär mit landesverfassungsrechtlichen Grundrechten befaßt, kommt zu dem kühnen Schluß, „daß kompetenzgerecht gesetztes einfaches Bundesrecht jedenfalls nicht die Wirkung haben kann, abweichendes Landes*verfassungs*recht endgültig außer Kraft zu setzen, wobei es ohne Bedeutung ist, ob es sich um grundrechtliche oder sonstige Normen der Landesverfassungen handelt[20]." Er meint, einfaches Bundesrecht könne Landesverfassungsrecht nur überlagern, es für den konkreten Anwendungsfall verdrängen, nicht jedoch die normative Existenz eines landesverfassungsrechtlichen Satzes beeinträchtigen. Fällt das Bundesrecht weg, so soll die Landesverfassung im ursprünglichen Umfang wieder zu aktueller Geltung aufleben.

Diese These *v. Olshausen's* wird lediglich im Bereich der Grundrechte von der schon früher geäußerten Auffassung *Milleker's*[21] übertroffen. *Milleker* behauptet, alle Landesgrundrechte gingen kraft Art. 142 GG dem einfachen Bundesrecht im Rang vor.

---

[18] Vgl. *v. Mangoldt / Klein*, GG, Art. 31, Anm. IV 3 c; *Maunz*, in: M/D/H/S, GG, Art. 31, Rdn. 14; *Zinn / Stein*, LV Hes, Bd. II, Teil B, S. 44, jeweils m.w.N.
[19] Vgl. Nachweise Fn. 18.
[20] Vgl. *v. Olshausen*, Landesverfassungsbeschwerde, S. 133.
[21] *Milleker*, DVBl. 1969, S. 129, 133.

2. Rechtsprechung des Bundesverfassungsgerichts

Das Bundesverfassungsgericht hat mit Beschluß vom 29. 1. 1974[22] zur Bedeutung des Art. 31 GG erstmals grundlegend Stellung bezogen. Dabei hat es zugleich den Streit über das Verhältnis inhaltsgleichen Landes- und Bundesrechts für das Verhältnis von Landes*verfassungs*recht zu Bundes*verfassungs*recht dahin entschieden, daß Bundesverfassungsrecht inhaltsgleiches Landesverfassungsrecht *nicht* bricht. In seiner Begründung weicht das Gericht allerdings erheblich von der im Schrifttum tradierten Betrachtungsweise ab und stellt wesentliche Grundsätze für die Kollisionsnorm Art. 31 GG auf, die auch für das Verhältnis von Landesverfassungsrecht zum Bundesrecht allgemein von Bedeutung sind. Das Bundesverfassungsgericht geht von einer ganzheitlichen Betrachtung der Verfassung aus und sieht Art. 31 GG im wesentlichen als Grundsatznorm, die allerdings auch unmittelbar Rechtsfolgen auslöst. Im einzelnen führt das Gericht aus:

„Rechtssystematisch muß Art. 31 GG, der eine Grundsatznorm ist, also nach dem Prinzip der ‚Einheit der Verfassung' im Zusammenhang mit Art. 28 Abs. 1 Satz 1 und 2 GG gelesen und verstanden werden. Das heißt, Art. 31 GG kann keine ‚Wirkung' haben auf ein Problem, das durch Art. 28 Abs. 1 Satz 1 und 2 GG gelöst ist. Soweit das Grundgesetz, insbesondere Art. 28 Abs. 1 GG, die Freiheit gibt, daß der Gliedstaat in seine Verfassung eine Bestimmung aufnehmen kann, unterscheide sich sich von einer Regelung des Grundgesetzes oder stimme sie mit ihr überein, kann Art. 31 GG nicht die Kraft haben, diese landesverfassungsrechtliche Vorschrift zu ‚brechen', was immer das bedeuten mag.
...

2. Art. 31 GG ist eine Vorschrift, die Normenkollisionen lösen soll (BVerfGE 26, 116 [135]); Voraussetzung für die Anwendung einer Kollisionsnorm ist, daß zwei Normen miteinander *kollidieren;* das heißt aber, die Kollisionsnorm hinweggedacht, müssen beide Normen auf *einen* Sachverhalt anwendbar sein und bei ihrer Anwendung zu verschiedenen Ergebnissen führen können.
...

Geht man also davon aus, daß Art. 31 GG, wie manche andere fundamentale Grundgesetzbestimmungen (beispielsweise Art. 20, 21 Abs. 1, 24, 28 Abs. 1, 30, 33, 38 Abs. 1, 50, 83, 91a, 104a Abs. 1 GG) einen *Grundsatz* enthält, der verschiedene Rechtstechniken zur Behebung von Normenkollisionen umgreift, aber nicht ersetzt, so verbietet im Bundesstaat der Respekt vor einer Landesverfassung anzunehmen, daß Landesverfassungsrecht, das mit Bundesrecht übereinstimmt, gebrochen wird mit der Folge, daß es nichtig ist.
...

Durch Art. 31 GG ‚gebrochen' kann danach nur Landesverfassungsrecht werden, das inhaltlich mit dem Bundesverfassungsrecht unvereinbar ist."

---

[22] BVerfGE 36, 342.

Die Entscheidung ist im Ergebnis einstimmig ergangen, lediglich der Richter Dr. *Geiger* hat in einem Sondervotum[23] eine abweichende Begründung zu C. 2 der Entscheidungsgründe gegeben.

Das Bundesverfassungsgericht begreift Art. 31 GG somit als eine Grundsatznorm, deren Sinngehalt sich nach dem Prinzip der Einheit der Verfassung erst aus ihrer Stellung im Gesamtgefüge des Grundgesetzes ergibt. Dabei kommt insbesondere Art. 28 Abs. 1 GG eine große Bedeutung zu, aber auch allgemeine Grundaussagen des Grundgesetzes zu der bundesstaatlichen Struktur unseres verfaßten Gemeinwesens sind von Erheblichkeit.

Soweit im verfassungsrechtlichen Schrifttum neuere Kommentierungen bereits vorliegen, findet das Bundesverfassungsgericht — jedenfalls was dessen methodischen Ansatz anbelangt — überwiegend Zustimmung[24].

III. Voraussetzungen und Rechtsfolgen des Art. 31 GG

1. Voraussetzungen

a) Verhältnis zu Spezialregelungen

Dem Bundesverfassungsgericht ist zunächst darin zu folgen, daß Art. 31 GG eine Grundsatznorm ist. Schon die Nähe zur föderalistischen Grundnorm des Art. 30 GG und das Vorhandensein spezieller Bestimmungen, die das Verhältnis des Bundes- zum Landesrecht betreffen, haben die Qualifikation des Art. 31 GG als Grundsatznorm aufgedrängt[25]. Erfreulich ist auch die für Art. 31 GG gewonnene „Auslegungsoffenheit"[26]; das Rechtsordnungsverhältnis zwischen Bund und Ländern ist nicht schematisch geregelt[27]. Gemäß anerkannter Gesetzesinterpretation gestaltet sich sonach das Verhältnis des Art. 31 GG zu diversen Spezialregelungen, worunter insbesondere auch bundesstaatliche Aspekte, das Gesamtgefüge des Grundgesetzes, zu verstehen sind, wie folgt:

---

[23] Abgedr. in: BVerfGE 36, 342, 369 ff.
[24] *Stern*, Staatsrecht, Bd. I, S. 567 ff.; *Gubelt*, in: v. Münch, GG, Art. 31, Rdn. 1, 14 ff.; *v. Münch*, ebd., Art. 142, Rdn. 11; *Beutler*, JöR, N.F. Bd. 26, S. 1 ff., 3, 29; *Schmidt-Bleibtreu / Klein*, GG, Art. 31, Rdn. 4; *Schunck / De Clerck*, Staatsrecht, S. 232; *v. Olshausen*, Landesverfassungsbeschwerde, S. 107; *ders.*, Bundesrechtliche Teilordnung, S. 173; *Geller / Kleinrahm*, LV N-W, 3. Aufl., Art. 1, Anm. 3 cc; *Meder*, LV Bay, Einl., Rdn. 7; wohl auch *Friesenhahn*, BVerfG und GG, Bd. I, S. 763; *v. Mutius*, VerwArch, Bd. 66, S. 161, 163 f., der aber im übrigen die Entscheidung z. T. heftig kritisiert.
[25] Vgl. z. B. schon *Hensel*, HdbDStR, Bd. II (1932), S. 314 ff.
[26] Im Ergebnis ebenso *v. Olshausen*, Landesverfassungsbeschwerde, S. 107.
[27] Deutlich wird dies insb. an der vom BVerfG (E 36, 342, 363 f.) angeführten Sperrwirkung von Art. 72 Abs. 1 GG, die schon vor Inkrafttreten des Bundesgesetzes zum Zuge kommt.

Zunächst ist zu prüfen, ob eine Konfliktsituation von Bundes- und Landesrechtsnormen eine abschließende Regelung gefunden hat, so daß Art. 31 GG *unmittelbar* nicht anwendbar ist und unmittelbar keine Rechtsfolgen erzeugen kann.

Ist dem nicht so, ist Art. 31 GG an sich anwendbar, jedoch muß im konkreten Fall geprüft werden, ob Art. 31 GG nicht (inhaltlich) durch andere Bestimmungen und Grundaussagen des Grundgesetzes beeinflußt wird. Der Regelungsgehalt des Art. 31 GG ist nicht für alle Konfliktlagen identisch.

b) Kollisionslage

Eine Kollision zweier Normen ist dann anzunehmen, wenn — die Kollisions(vermeidungs-)norm hinweggedacht — beide Normen auf *einen Sachverhalt* anwendbar sind und bei ihrer Anwendung zu verschiedenen Ergebnissen führen. Dabei genügt es nicht, daß beide Normen den *gleichen Regelungsgegenstand* betreffen, sondern sie müssen auch *denselben Adressaten* haben[28].

c) Spezialproblem: Mit Bundesrecht inhaltsgleiches Landesverfassungsrecht

aa) Wendet man die o. g. Kollisionsregel für das Verhältnis von Landesverfassungsrecht und Bundesrecht, also auch zur einfachgesetzlichen und im Range unter dem Gesetz stehenden Bundesrecht, an, ergibt sich ohne weiteres, daß inhaltlich mit Bundesrecht übereinstimmendes Landesverfassungsrecht wirksam bleibt, da die Anwendung beider Normen nicht zu verschiedenen Ergebnissen führt.

bb) Diese Feststellung allein genügt jedoch nicht. Wie bereits oben[29] dargelegt wurde, ist die Diagnose einer Konfliktlage nicht ausreichend, um den Regelungsgehalt des Art. 31 GG abschließend zu bestimmen. Das Entsprechende gilt für den umgekehrten Befund, eine Kollision scheide gedanklich aus. Auch in diesem Fall könnten Grundprinzipien des vom Grundgesetz verfaßten Bundesstaates zu differenzierten Betrachtungen zwingen. Das Bundesverfassungsgericht[30] hat deshalb zu Recht über die Anwendung der Kollisionsregel hinaus weitere Überlegungen angestellt.

cc) Hält man die Argumente des Bundesverfassungsgerichts für überzeugend oder billigt man wenigstens das Ergebnis, woran für das

---

[28] Vgl. *Geiger*, in: BVerfGE 36, 369; ebenso *v. Mutius*, VerwArch, Bd. 66, S. 165 f. m. w. N.; wohl auch *Friesenhahn*, BVerfG und GG, Bd. I, S. 763; anders wohl *Maunz*, Staatsrecht, S. 246, der nur auf den „gleichen Gegenstand" abstellt.

[29] Vgl. oben a.

[30] BVerfGE 36, 342, 363 ff.

Verhältnis Landes*verfassungs*recht zu Bundes*verfassungs*recht keine Zweifel mehr aufkommen sollten[31], dann scheint folgender Erst-Recht-Schluß nahe zu liegen: Wenn schon Bundesverfassungsrecht nicht in der Lage ist, inhaltsgleiches Landesverfassungsrecht zu derogieren, dann kann einfachem, inhaltsgleichem Bundesrecht, also dem Grundgesetz nachrangigem Recht, erst recht eine solche Wirkung *nicht* zukommen.

dd) Ein solcher Erst-Recht-Schluß hat zwar einiges für sich. Ihm steht insbesondere nicht die Rechtsprechung des Bundesverfassungsgerichtes selbst entgegen. Zwar ist die Argumentation des Bundesverfassungsgerichts „spezifisch auf das Verhältnis von Bundes- und Landes*verfassungs*bestimmungen angelegt"[32]. Ausdrücklich ausgenommen hat das Bundesverfassungsgericht aber lediglich das — hier nicht interessierende — Verhältnis von inhaltlich übereinstimmendem, einfachem Landesrecht und einfachem Bundesrecht[33].

Einem Erst-Recht-Schluß werden jedoch Grenzen gesetzt, die sich aus der Verschiedenheit des Verfassungsrechts und des ihm im Range nachfolgenden Rechts ergeben. So liegt es auf der Hand, daß die Länder — wenn dies auch eine sehr theoretische Vorstellung ist — nicht das Bundesrecht insgesamt in ihre Verfassungen inhaltlich aufnehmen dürfen. Dies folgt allerdings nicht aus den Kompetenzbestimmungen des Grundgesetzes, nach denen der einfache Landesgesetzgeber im ausschließlichen und konkurrierenden Gesetzgebungsbereich des Bundes gehindert ist, normativ wirkende Regelungen zu setzen, wenn der Bund die Länder nicht zur Gesetzgebung ermächtigt hat bzw. von der Kompetenz abschließend Gebrauch gemacht hat[34]. Die Art. 70 ff. GG wenden sich nicht an die Verfassungsgeber in Bund und Ländern[35]. Jedoch

---

[31] Zumindest das Ergebnis wird im neueren Schrifttum ganz überwiegend auch nicht mehr in Zweifel gezogen. Vgl. oben Fn. 24.
[32] BVerfGE 36, 342, 367.
[33] BVerfG, ebd. — Grundsätzlich scheint das Problem durch die Art. 30, 70 ff. GG gelöst. Kompetenzlos gesetztes Recht ist nichtig. Probleme können sich allerdings beim Rahmenrecht und bei bundesgesetzlichen Vorbehalten zugunsten des Landesgesetzgebers ergeben. Kann der Landesgesetzgeber — mit deklaratorischer Wirkung — Bundesrecht wiederholen, wenn es für das Verständnis des Gesamtzusammenhangs nützlich oder gar geboten ist? In gewissem Umfang dürfte die Frage zu bejahen sein. Die Praxis verfährt zuweilen demgemäß (vgl. z. B. § 218 Landesbeamtengesetz R-P, der § 126 BRRG wiederholt). — Haben die Länder eine — nur deklaratorisch wirkende — Bereinigungskompetenz ihres jeweiligen Landesrechts, wenn der Bund von einer vormals den Ländern zustehenden Kompetenz abschließend Gebrauch macht, ohne das — materiell — derogierte Landesrecht formell aufzuheben? M. E. ist auch diese Frage zu bejahen.
[34] Vgl. dazu gerade vorstehende Fn.
[35] Vgl. *v. Mangoldt / Klein*, GG, Art. 31, Anm. III 10 a; *Maunz*, in: M/D/H/S, GG, Art. 73, Rdn. 2; unklar *Maunz*, Art. 31, Rdn. 21.

schon aus der Funktion einer Verfassung, im wesentlichen Grundentscheidungen zu treffen, kann auf die Unzulässigkeit der Überfrachtung der Verfassung mit Detailregelungen geschlossen werden[36].

Weitere Grenzen im Verhältnis zu den Ländern zieht der Grundsatz des bundesfreundlichen Verhaltens[37]. Die Grenzziehung im einzelnen dürfte indes schwierig sein. Prinzipiell wird der Rahmen nicht zu eng abgesteckt werden dürfen. Es kommt nicht darauf an, ob der Bund einer Regelung den Rang einer Verfassungsnorm zugewiesen hat[38]. Nicht entscheidend ist auch, ob sich im Grundgesetz wenigstens eine thematische Entsprechung findet oder ob entsprechende Regelungen bereits in den vor 1949 in Kraft getretenen Landesverfassungen enthalten waren[39]. Ob eine Norm „verfassungswürdig" ist[40], kann nicht abstrakt entschieden werden. Es ist eine Gesamtbetrachtung anzustellen. Dabei sind die genannten Umstände (thematische Entsprechung, alte Landesverfassungsregelung) nur insoweit von Bedeutung, als solche Bestimmungen ohne weiteres „verfassungswürdig" sind und den Grundsatz bundesfreundlichen Verhaltens nicht verletzen. Darüber hinaus können die Länder jedoch grundsätzlich weitere Regelungen in ihren Verfassungen treffen, die nur dann unzulässig wären, wenn Intention oder Quantität des mit Bundesrecht übereinstimmenden und *neugeschaffenen* Landesverfassungsrechts eine andere Beurteilung gebieten.

ee) Sieht man von den dargelegten Beschränkungen des Landesverfassungsrechts ab, wird man — auch anhand der vom Bundesverfassungsgericht aufgestellten Grundsätze — davon ausgehen müssen, daß einfaches Bundesrecht mit inhaltsgleichem Landesverfassungsrecht nicht kollidiert und wirksam bleibt[41].

---

[36] *Bleckmann*, JR 1978, S. 221, 223 f., der für das GG ein „Gebot der Transparenz" postuliert, welches eine Überlastung des GG mit einfach gesetzlichen Normen verbiete. Ähnlich auch O. *Müller*, Landesgrundrechte und Bundesrecht, S. 110.

[37] Vgl. dazu *Bayer*, Bundestreue; BVerfGE 12, 205, 254 ff. — Der Grundsatz der Bundestreue verpflichtet natürlich auch den Bund im Verhältnis zu den Ländern. Inwieweit dieser Grundsatz auch für die künftige Verfassungsgesetzgebung des Bundes Bedeutung haben kann, muß im Rahmen dieser Untersuchung offen bleiben. Jedenfalls verpflichtet das unveränderbare Bekenntnis des GG zum Bundesstaat (Art. 79 Abs. 3 GG) den Bund in gewissem Umfang die selbständigen Verfassungsräume der Länder (vgl. dazu *Stern*, Staatsrecht, Bd. I, S. 11 m. w. N.) zu respektieren.

[38] So ist es den Ländern nicht verwehrt, ein Grundrecht auf Datenschutz einzuführen (vgl. Art. 4 Abs. 2 LV N-W). Ob ein solches Unterfangen zweckmäßig ist, ist eine andere Frage. Vgl. dazu *Kloepfer*, Datenschutz als Grundrecht, S. 46 ff.

[39] So *v. Olshausen*, Landesverfassungsbeschwerde, S. 158, für den Bereich der Grundrechte.

[40] Vgl. dazu *Stern*, Staatsrecht, Bd. I, S. 69 f.

III. Voraussetzungen und Rechtsfolgen des Art. 31 GG

Neben dem bereits konstatierten, mehr formellen Aspekt des Fehlens einer Kollisionslage spricht hierfür, daß der Respekt im Bundesstaat vor einer Verfassung nicht minder sein kann bei mit Landesverfassungsrecht übereinstimmendem (einfachem) Bundesrecht als vor kongruentem Bundesverfassungsrecht. Außerdem läßt sich für diese Auffassung der föderalistische Grundton des Grundgesetzes anführen[42]. Schließlich wäre es befremdlich, wenn der Bund durch „Degradierung" einer Bundesverfassungsbestimmung auf einfach gesetzlichen Rang, die Nichtigkeit der inhaltsgleichen Landesverfassungsbestimmung herbeiführen könnte.

Die Auswirkungen dieser Auffassung halten sich ebenso wie die der Entscheidung des Bundesverfassungsgerichts in Grenzen. Eine mit Bundesrecht inhaltsgleiche Landesverfassungsbestimmung bleibt zwar wirksam, die etwaige Ausführung und Konkretisierung durch einfaches Landesgesetz ist jedoch nur nach Maßgabe der grundgesetzlichen Kompetenzvorschriften für die Gesetzgebung zwischen Bund und Land statthaft. Bundeskompetenzen werden also nicht geschmälert. Im wesentlichen wird dem Landesgesetzgeber nur dann Raum zu eigener legislatorischer Tätigkeit verbleiben, wenn der Bundesgesetzgeber dies zuläßt. Dies ist im ausschließlichen und konkurrierenden Gesetzgebungsbereich möglich, von größerer Bedeutung könnte indes der Rahmenkompetenzbereich sein. Wenn auch bei gegenteiliger Auffassung nicht die Gefahr bestünde, daß die Verfassungen der Länder zu einem Torso schrumpften, „gewinnen" die Länder jedenfalls, daß ihre Verfassungen „unangetastet" bleiben und daß sie ihre Verfassungen, soweit sie inhaltlich mit Sätzen des Bundesrechts übereinstimmen, „für ihre Gesetzgebung, für ihre Verwaltung und für ihre Rechtsprechung zum Maßstab nehmen können — für ihre Gesetzgebung mit der Einschränkung, daß sie nur im Rahmen der Kompetenzregeln des Grundgesetzes (Art. 72 ff. GG) zulässig ist, und für ihre Verwaltung und Rechtsprechung mit der Einschränkung, daß sie sowohl das Bundesverfassungsrecht als auch die Landesverfassung zu beachten haben"[43].

Von wesentlicher Bedeutung ist diese Auffassung allerdings für die Verfassungsgerichtshöfe der Länder, weil sie als Maßstab für ihre Prüfung nur die Landesverfassung besitzen[44]. Diese Erweiterung des

---
[41] Im Ergebnis, wenn auch ohne Begründung, *Beutler*, JöR, N.F. Bd. 26, S. 1, 29, 35.
[42] *Gubelt*, in: v. Münch, GG, Art. 31, Rdn. 23.
[43] BVerfGE 36, 342, 368.
[44] Lediglich der Verfassungsgerichtshof R-P hatte sich im Urteil vom 25. 4. 1951, JZ 1951, S. 693, für befugt gehalten, auch das GG „kraft stellvertretender Funktion" des damals noch nicht existierenden BVerfGs als Prüfungsmaßstab heranzuziehen. Vgl. dazu auch *Schäfer*, JZ 1951, S. 694 f.; *ders.*, JZ 1954, S. 148 f. Allerdings steht den Verfassungsgerichtshöfen der

Gerichtsschutzes zu einem doppelten ist zwar bedenklich und nicht streng prozeßökonomisch, wie auch das Bundesverfassungsgericht für das Verhältnis von Bundes- und Landes*verfassungs*recht festgestellt hat. Das Problem divergierender Gerichtsentscheidungen löst das Bundesverfassungsgericht für den verfassungsrechtlichen Bereich dergestalt, daß sich letztlich die Auffassung des Bundesverfassungsgerichts durchsetzt[45]. Im Verhältnis Landesverfassungsrecht und einfachem Bundesrecht muß sich entsprechend die Auffassung der Bundesgerichte durchsetzen, da anderenfalls faktisch widersprüchliches „Recht" entstünde. Hält ein Verfassungsgerichtshof eines Landes eine bestimmte Auslegung einer Bestimmung der Landesverfassung in der Weise nicht für möglich, daß sie mit einer einfachgesetzlichen Bundesnorm — so wie sie ein Bundesgericht auslegt — inhaltlich übereinstimmt, dann greift Art. 31 GG unmittelbar ein. Im Bereich des Verhältnisses der Landesverfassungen zu Übereinstimmungen mit einfachem Bundesrecht dürfte die Gefahr divergierender Gerichtsentscheidungen nicht sehr groß sein, da sich Landesverfassungsgerichtshöfe selten damit zu befassen haben werden.

2. Rechtsfolgen

a) Meinungsstand

aa) Die ganz herrschende Meinung der Literatur und die Rechtsprechung der Verfassungsgerichte gehen davon aus, daß dem Bundesrecht widersprechendes Landesrecht „gebrochen", d. h. nichtig wird[46]. Zwar hat das Bundesverfassungsgericht in der Entscheidung vom 29. 1. 1974[47] klargestellt, daß die Auffassung[48], „in dem Wort ,brechen' komme zum Ausdruck, daß eine besonders intensive, radikale Entscheidung gegen das Landesrecht gewollt sei, daß es, uneingeschränkt seiner Wirksamkeit beraubt werden soll, nur verständlich (ist), wenn man das Wort sprachlich isoliert. Wenn man aber davon ausgeht, daß unser deutsches Recht mehrere Rechtsfiguren kennt, um Normenkollisionen zu beheben

---

Länder die Befugnis zu, als Vorfrage die Vereinbarkeit des Landesverfassungsrechts mit Bundesrecht zu prüfen. Vgl. dazu *v. Olshausen*, Landesverfassungsbeschwerde, S. 105 m. w. N., insb. auch zur Rspr. der Verfassungsgerichtshöfe.

[45] BVerfGE 36, 342, 368 f.

[46] Vgl. statt vieler *Maunz*, in: M/D/H/S, GG, Art. 31, Rdn. 2 und 3; *Bernhardt*, BK, Art. 31, Rdn. 29; *Hamann / Lenz*, GG, Art. 31, Anm. B 2; *Gubelt*, in: v. Münch, GG, Art. 31, Rdn. 20; BVerfGE 26, 116, 135. Vgl. auch *v. Mangoldt / Klein*, GG, Art. 31, Anm. IV 3 m. w. N. Zur Entstehungsgeschichte und zum Streit um den Begriff „brechen" vgl. *v. Doemming / Füßlein / Matz*, JöR, N.F. Bd. 1, S. 298 ff.; zu Art. 13 WRV vgl. *Fleiner*, VVDStRL 6 (1929), S. 8 f.

[47] BVerfGE 36, 342.

[48] Sie wurde damals von der Bundesregierung in dem Verfahren vor dem BVerfG vertreten und konnte sich auf Meinungen der Literatur stützen (vgl. BVerfGE 36, 342, 350 ff. — referierend —).

III. Voraussetzungen und Rechtsfolgen des Art. 31 GG

... bleibt durchaus offen, was ‚brechen' im Einzelfall bedeutet"[49]. Damit hat das Bundesverfassungsgericht jedoch die *grundsätzliche* Rechtsfolge des Art. 31 GG, die Nichtigkeitssanktion[50], nicht in Frage gestellt. Die Ausführungen erklären sich vielmehr aus dem Charakter des Art. 31 GG als Grundsatz, „der verschiedene Rechtstechniken zur Behebung von Normenkollisionen umgreift"[51]. Kommt Art. 31 GG unmittelbar zur Anwendung, ist Bundesverfassungsrecht zum Beispiel mit Landesverfassungsrecht inhaltlich unvereinbar, dann ist auch nach der Rechtsprechung des Bundesverfassungsgerichts das Landesverfassungsrecht seiner normativen Existenz beraubt[52].

bb) Gegenüber der herrschenden Meinung auf den ersten Blick länderfreundlicher ist die Auffassung v. Ohlshausen's, der Art. 31 GG die Wirkung abspricht, Bundesrecht widersprechendes Landesverfassungsrecht zu derogieren. Er gesteht dem Bundesrecht nur im Konfliktfall das Landesrecht überlagernde Wirkung zu. Falle das Bundesrecht weg, lebe die Landesverfassung im ursprünglichen Umfang wieder zu aktueller Geltung auf. Die überlagerte, der Anwendbarkeit beraubte Bestimmung der Landesverfassung behalte ihre „aktuelle" Bedeutung jedenfalls für die Auslegung der übrigen Sätze der Landesverfassung[53].

b) Kritik und Stellungnahme

Die Entscheidung zwischen den beiden aufgezeigten Meinungen fällt nicht leicht. Das auch vom Bundesverfassungsgericht angesprochene Bestreben, die Landesverfassungen nicht zu einem Torso verkommen zu lassen[54] und die Tatsache, daß Konfliktfälle auch durch Nichtanwendung einer der in Widerspruch zueinandergeratenen Normen gelöst werden können[55], lassen für die Ansicht v. Ohlshausen's Sympathien eines Föderalisten aufkommen. Das Postulat der Widerspruchsfreiheit der bundesstaatlichen Rechtsordnung kann gegen diese Auffassung nicht ins Feld geführt werden. Ob die konfliktauslösende landesverfassungsrechtliche Norm nichtig ist oder ob ihre Anwendbarkeit aus-

---

[49] BVerfGE 36, 342, 365.
[50] Dies wurde vom BVerfG schon in der Entscheidung vom 4. 6. 1969 betont. Vgl. BVerfGE 26, 116, 135.
[51] BVerfGE 36, 342, 366.
[52] Vgl. auch BVerfGE 29, 11, 17; 31, 141, 145.
[53] Vgl. v. Olshausen, Landesverfassungsbeschwerde, S. 105 ff., insb. S. 133 ff. — Auf das spezielle Problem der Grundrechtsverbürgungen in Landesverfassungen aus dem Blickwinkel des Art. 142 GG wird unten (C. III. 1. b) noch einzugehen sein. Im Ergebnis spielt dies für die an dieser Stelle zu behandelnde *grundsätzliche* Bedeutung des Art. 31 GG, insb. im Falle seiner unmittelbaren Anwendung, keine Rolle.
[54] BVerfGE 36, 342, 368.
[55] Vgl. auch *Gubelt*, in: v. Münch, GG, Art. 31, Rdn. 20.

geschlossen ist, in beiden Fällen entsteht kein praktisch unlösbarer Widerspruch.

Wenig überzeugend ist allerdings das Argument[56], die Anwendungsdilation habe den Vorteil, daß die überlagerten Normen der Landesverfassung für die Auslegung der übrigen Sätze der Landesverfassung ihre „aktuelle" Bedeutung behielten. Denn auch im Falle ihrer Nichtigkeit kann man die übrigen Bestimmungen der Landesverfassung nicht isoliert, d. h. ohne ihren entstehungsgeschichtlichen Hintergrund und ohne den Kontext, in den sie hineingestellt wurden, sehen. Erleichtert wird das ganze durch die Tatsache, daß die Länder noch nicht einmal ihre vorgrundgesetzlichen Verfassungen überarbeitet haben. Diese enthalten alle eine Reihe „gebrochener" Bestimmungen.

Entscheidend gegen *v. Olshausen's* und für die ganz herrschende Meinung sprechen jedoch der ebenfalls Verfassungsrang genießende Grundsatz der Klarheit und Bestimmtheit von Normen[57], wozu auch die Normen-(Geltungs-)Klarheit gehört, und — weit gewichtiger — der Grundsatz der Beständigkeit und Kontinuität der Rechtsordnung[58].

Dem Grundsatz der Einheit der Rechtsordnung und ihrer Widerspruchsfreiheit genügt zwar eine Dilation der landesverfassungsrechtlichen Norm, wenn sie im *konkreten* Anwendungsfall zum Bundesrecht in Widerspruch gerät. Theoretisch ist soweit alles klar. Der Rechtsanwender sieht sich jedoch vor praktisch kaum lösbare Schwierigkeiten gestellt; er muß es erkennen — und sollte es *richtig* erkennen —, was im Einzelfall zu gelten hat. Ob eine Kollision zwischen zwei Normen besteht, ist aber in der Regel nicht einfach festzustellen. Die nachfolgende Überprüfung einiger landesverfassungsrechtlicher Normen wird hierfür Beispiele bieten.

Nun ist die Erkenntnis einer Kollisionslage auch dann erforderlich, wenn Art. 31 GG die Nichtigkeit der landesverfassungsrechtlichen Norm bewirkt, wie es die herrschende Meinung annimmt. Der Unterschied zur Auffassung *v. Ohlshausen's* besteht jedoch darin, daß insbesondere in Zweifelsfällen diese Erkenntnis nicht immer wieder neu gewonnen werden muß, sondern im Wege einer einmaligen, verbindlichen Entscheidung für alle Rechtsbetroffenen zur Rechtsgewissheit werden kann. Eine solche verbindliche Entscheidung kann auf zwei Wegen erreicht werden. Erstens durch eine verfassungsgerichtliche Entscheidung[59] und zweitens durch eine (deklaratorische) Bereinigung des Landesrechts[60].

---

[56] So *v. Olshausen*, Landesverfassungsbeschwerde, S. 133.
[57] Vgl. *Gubelt* („Grundsatz der Rechtssicherheit").
[58] Vgl. dazu — wenn auch kritisch — BVerfGE 6, 132, 170.
[59] Vgl. z. B. Art. 93 Abs. 1 Nr. 2 GG.
[60] Für die Verfassungen der Länder wird davon allerdings kaum Gebrauch gemacht.

III. Voraussetzungen und Rechtsfolgen des Art. 31 GG

Würde Art. 31 GG lediglich die Anwendbarkeit einer landesverfassungsrechtlichen Norm hindern, bedürfte es für jeden Einzelfall einer — mit allen Unwägbarkeiten behafteten — Prüfung; Rechtsklarheit und damit Rechtssicherheit[61] wären nicht erreichbar.

Stellte man — in konsequenter Verfolgung v. *Ohlshausenscher* Ideen — das gesamte Landesverfassungsrecht lediglich unter einen Anwendungsvorbehalt der bundesrechtlichen Zulässigkeit, dann gäbe es kein Landesverfassungsrecht mehr, das mit Nichtigkeitssanktion außer Kraft gesetzt würde, wovon Art. 31 GG ersichtlich nicht ausgeht, wie die „radikale" Formulierung zeigt, das Landesrecht werde „gebrochen".

Ein weitaus gewichtigeres Argument für die grundsätzliche Nichtigkeitssanktion des Art. 31 GG folgt aus dem Prinzip der Beständigkeit und Kontinuität der Rechtsordnung[62], das letztlich durch Art. 31 GG gewährleistet werden soll. Jede Rechtsordnung ist im Grundsatz darauf angelegt, ihre Sicherungs- und Ordnungsfunktion, die in einer Republik[63], einem Freistaat, zugleich Freiheit sichert, beständig und kontinuierlich zu erfüllen. Das Grundgesetz ging demgemäß auch von der grundsätzlichen Weitergeltung des vorkonstitutionellen Rechts aus (Art. 123 ff. GG). Wie stark unser Rechtsdenken von diesem Kontinuitätsgedanken beseelt ist, zeigen beispielsweise das Bürgerliche Gesetzbuch und die sogenannten Reichsjustizgesetze. Sie haben in ihrem wesentlichen Bestand ein Kaiserreich, eine Diktatur und zwei Republiken überstanden. Selbstverständlich hindert der Grundsatz der Beständigkeit und Kontinuität der Rechtsordnung einen Wandel der Rechtsauffassungen nicht[64]; Fehlentwicklungen sind korrigierbar und werden in der Regel korrigiert. Auch eine totale Neuordnung — etwa aufgrund revolutionärer Akte — ist denkbar. Jedoch setzt dies eine bewußte Entscheidung der jeweiligen Entscheidungsträger voraus. Art. 123 Abs. 1 GG bestimmt daher ausdrücklich, daß vorkonstitutionelles Recht nur insoweit fortgilt, als es dem Grundgesetz nicht widerspricht[65].

---

[61] So im Ergebnis auch *Gubelt*, in: v. Münch, GG, Art. 31, Rdn. 20.

[62] Zu dieser Funktion der Verfassung und des Gesetzes vgl. *Stern*, Staatsrecht, Bd. I, S. 67 f. und S. 649 f. m. w. N., der zu Recht darauf hinweist, daß Gesetze diese Funktion z. T. im heutigen Staat verloren haben. Vgl. auch BVerfGE 6, 132, 170.

[63] Zum Sinnpotential dieses Begriffs vgl. *Isensee*, JZ 1981, S. 1 ff.

[64] Das BVerfG (E 6, 132, 170) bestimmt demgemäß die Grenzen des immerhin von ihm für möglich erachteten Prinzips zu Recht dahin, daß „jedenfalls aus ihm keine Vermutung für das Weiterbestehen von Rechtseinrichtungen mit spezifisch verfassungsrechtlichem Gehalt abgeleitet werden (kann), wenn eine neue Verfassung — wie das Grundgesetz — von einer grundlegend anderen Auffassung des Rechts und der die Verfassung tragenden politischen Werte und Prinzipien ausgeht".

[65] Vgl. auch Fn. 64.

Art. 31 GG, mit der Rechtsfolge, die ihr die herrschende Meinung beilegt, dient der Beständigkeit und Kontinuität der Rechtsordnung gerade dadurch, daß eine einmal faktisch außer Kraft gesetzte Norm, wobei es *v. Ohlshausen* belassen will, auch rechtlich grundsätzlich derogiert wird. Auf die Landesverfassungen angewendet bedeutet dies, Art. 31 GG schützt durch Derogation landesverfassungsrechtlicher Normen die Rechtsordnungen der Länder, so wie sie sich unter Geltung des Grundgesetzes und des einfachen Bundesrechts bis heute entwickelt haben. Folgte man der Meinung *v. Ohlshausen*'s, könnten die Rechtsordnungen der Länder grundlegend gestört werden, wenn der Bund einfach-gesetzliche oder Verfassungsrang beanspruchende Normen des Bundesrechts, insbesondere im wirtschaftlichen Bereich, aufhebt. Alle Landesgesetze und davon abgeleitete Normen, die unter Geltung des Bundesrechts nicht nur erlassen werden konnten, sondern vielfach auch mit bestimmtem Inhalt erlassen werden mußten, träten nach Aufhebung des Bundesrechts automatisch außer Kraft, soweit sie den nunmehr wieder zu aktivem Leben erwachenden Landesverfassungen widersprächen. Nicht nur, daß die Länder jetzt für gewisse Zeit einen mehr oder weniger „rechtsfreien" Raum erhielten, den die Länderparlamente erst auffüllen müßten, ihnen würde unter Umständen eine andere Rechtsentwicklung aufgezwungen, die zwar ihre Grundlage in der jeweiligen Landesverfassung fände, aber — gewissermaßen von außen — vom Bund gesteuert wäre.

Der Sinn des Art. 31 GG ist sonach darin zu sehen, daß er im Falle einer Kollision in der Regel klare Verhältnisse schafft und die Nichtigkeit der mit Bundesrecht kollidierenden Bestimmung einer Landesverfassung bewirkt. Ausnahmen können nur bestehen, soweit die Rechtsfolge des Art. 31 GG durch sonstige Grundentscheidungen des Grundgesetzes modifiziert ist oder soweit Art. 31 GG wegen vorhandener Spezialbestimmungen *unmittelbar* nicht zur Anwendung gelangt.

C. Verschiedene Verfassungsnormtypen und ihr Kollisionsspektrum

Nachdem der Regelungsgehalt des Art. 31 GG im grundsätzlichen und allgemeinen festgelegt ist, sind nun die denkbaren Kollisionslagen landesverfassungsrechtlicher und bundesrechtlicher Normen aufzuzeigen. Dabei wird insbesondere der Einfluß sonstiger grundgesetzlicher Normen auf den Regelungsgehalt des Art. 31 GG näher zu untersuchen sein.

I. Bundesrechtskonforme Auslegung

Gerät die Auslegung einer landesverfassungsrechtlichen Bestimmung in Widerspruch zu einer bundesrechtlichen Norm, so kommt Art. 31 GG *unmittelbar*[1] nicht zur Anwendung, wenn eine Auslegung des Landesrechts möglich ist, die diese Kollision vermeidet (bundesrechtskonforme Auslegung). Läßt man im Verhältnis der höherrangigen, verfassungsrechtlichen zu einer niederrangigen, einfach-gesetzlichen Vorschrift die verfassungskonforme Auslegung zu[2], dann ist es nur folgerichtig, daß man im Verhältnis an sich gleichrangiger[3], jedoch durch Kollisionsregeln untereinander „abgestufter" Normen des Bundes- und Landesrechts dasselbe Prinzip zur Anwendung bringt, bevor man zur „härteren" Rechtsfolge der Nichtigkeit greift[4]. In allen Fällen einer möglichen Kollision ist daher stets vorrangig zu prüfen, ob eine landesverfassungsrechtliche Norm nicht im Wege einer bundesrechtskonformen Auslegung in Übereinstimmung mit Bundesrecht stehen kann.

II. Einteilung der Verfassungsnormtypen

1. Es gibt verschiedene Möglichkeiten, die zum Teil sehr unterschiedlichen Bestimmungen einer Verfassung zu typisieren, d. h. ihre Gemeinsamkeiten herauszustellen. Hierzu werden im verfassungsrecht-

---

[1] Mit dem BVerfG ist davon auszugehen, daß die Grundsatznorm des Art. 31 GG auch diese Kollisionsvermeidungstechnik umfaßt.

[2] So schon früh BVerfGE 2, 266, 282; zur Rspr. des BVerfGs vgl. Nachschlagewerk der Rspr. des BVerfGs, Einleitung GG, Nr. 470 ff. Vgl. auch *Zippelius*, BVerfG und GG, Bd. II, S. 108; *Stern*, Staatsrecht, Bd. I, S. 111 jeweils m. w. N.

[3] Vgl. dazu oben A.

[4] Ebenso für das Verhältnis landes- und bundesrechtlicher Grundrechte *Böckenförde / Grawert*, DÖV 1971, S. 121 f.

C. Verschiedene Verfassungsnormtypen und ihr Kollisionsspektrum

lichen Schrifttum unterschiedliche Lösungen angeboten, die selten den Anspruch der abschließenden Typisierung erheben, sondern vielmehr den Funktionsgehalt bestimmter Normen eher beispielhaft aufzeigen[5]. Eine oftmals verwirrende Terminologie[6], die darüber hinaus in der Praxis kaum noch rational nachvollziehbare Differenzierungen trifft, erschwert eine einheitliche, verfassungswissenschaftlich eindeutig abgesicherte Katalogisierung. Die unterschiedlichen Typisierungen und Termini sind dabei vor allem darauf zurückzuführen, daß je nachdem zu welchem Zweck man eine Systematisierung anstrebt, man zu verschiedenen Aufteilungen kommen kann, z. T. sogar kommen muß. Schließlich kann gesagt werden, je diffiziler die Differenzierungen sind, desto unklarer und zweifelhafter wird die Einordnung der einzelnen Norm in eine bestimmte Kategorie.

Im folgenden soll daher zunächst der Versuch gemacht werden, eine Typisierung der verschiedenen Verfassungsnormen zu erstellen, die spezifisch für die Überprüfung von Kollisionen zwischen bundesrechtlichen und landesverfassungsrechtlichen Bestimmungen dienlich ist. Damit soll ermöglicht werden, den Kollisionsbereich der verschiedenen Normtypen abstrakt aufzuzeigen. Zur Erleichterung des Einstiegs in die Problematik soll die Einteilung der Verfassungsnormtypen der Untersuchung vorangestellt werden, deren Zweckdienlichkeit und Erforderlichkeit erst aus den anschließenden Erörterungen über ihr Kollisionsspektrum ersichtlich wird.

2. Verfassungsrechtliche Bestimmungen lassen sich abstrakt in zwei große Kategorien einstufen, in das unmittelbar geltende Verfassungsrecht und die Verfassungsaufträge in weitem Sinne.

Zu der Kategorie des unmittelbar geltenden Verfassungsrechts gehören die Staatsfundamentalnormen, die Grundrechte und das sog. einfache Verfassungsrecht. Die Verfassungsaufträge in weitem Sinne gliedern sich in konkrete Verfassungsaufträge und Programmsätze. Beide Gruppen lassen sich danach untergliedern, ob sie den „Beauftragten" (Adressaten) zu einem Verhalten verpflichten oder (lediglich) auffordern bzw. ermächtigen. Schließlich ist innerhalb jeder dieser Gruppen von Verfassungsaufträgen zu unterscheiden, ob sie sich an den Gesetzgeber oder an einen sonstigen Adressaten wenden.

Zur Verdeutlichung dieser Einteilung diene die folgende Skizze:

---

[5] Vgl. *Stern*, Staatsrecht, Bd. I, S. 92 ff. m. w. N.
[6] Vgl. die Beispiele bei *Stern*, S. 66 m. w. N. zu den Begriffen „Verfassungsaufträge", „Verfassungsdirektiven", „Leitgrundsätze".

II. Einteilung der Verfassungsnormtypen

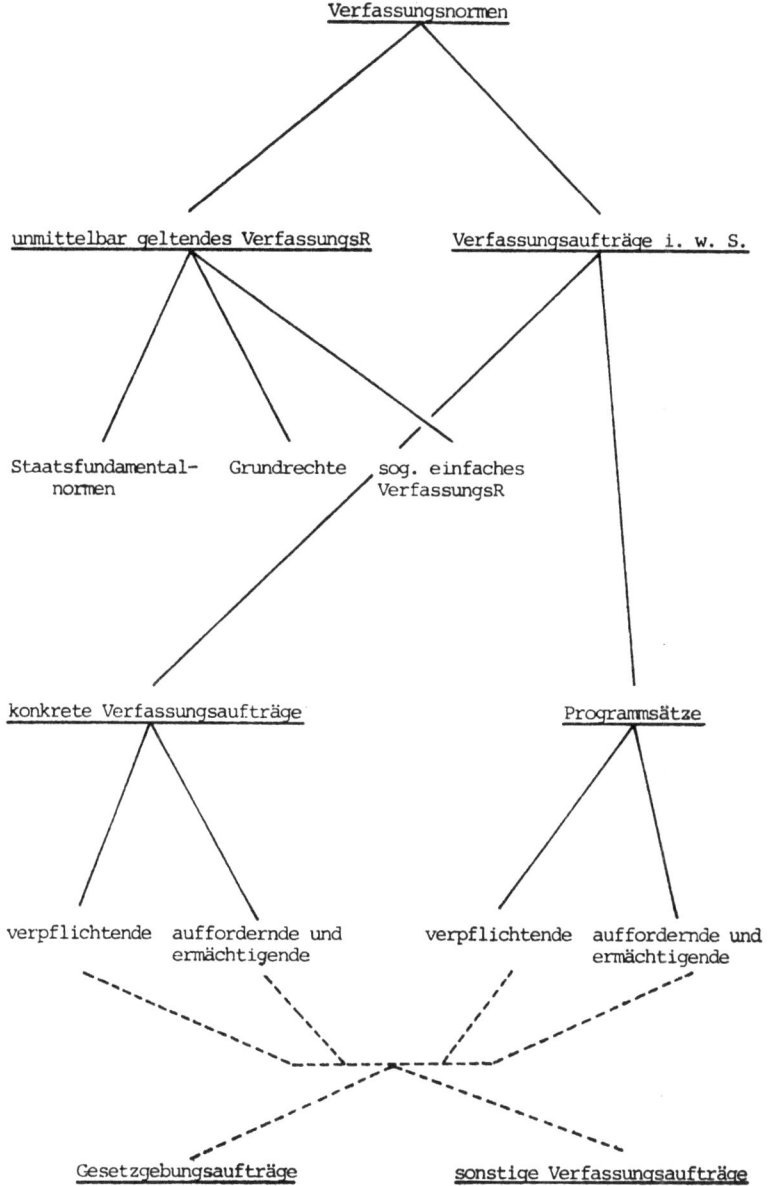

3. Den einzelnen „Verfassungsnormtypen" kommt dabei hinsichtlich der konkreten Verfassungsnorm *kein Ausschließlichkeitscharakter* zu. Es ist durchaus möglich, daß eine Norm zwei oder mehrere Normtypen beinhalten kann. Insbesondere kann eine Verfassungsbestimmung un-

mittelbar geltendes Recht sein und zugleich einen Auftrag, z. B. an den Gesetzgeber, enthalten.

III. Kollisionsspektrum der Verfassungsnormtypen

1. Unmittelbar geltendes Verfassungsrecht

Unter unmittelbar geltendem Verfassungsrecht sind solche Normen zu verstehen, die, ohne daß es weiterer „Umsetzungsakte" bedürfte, aus sich selbst heraus die konkreten Rechtswirkungen entfalten, die sie letztlich bezwecken. Im Gegensatz zu den Verfassungsaufträgen bedarf das unmittelbar geltende Verfassungsrecht nicht mehr eines „Umsetzungsaktes", z. B. des Gesetzgebers. Im Grunde spräche man daher bei unmittelbar geltendem Verfassungsrecht besser von unmittelbar anwendbarem Recht, denn genau genommen ist auch ein Verfassungsauftrag unmittelbar geltendes Recht, nämlich für den „Beauftragten", bei einem Gesetzgebungsauftrag z. B. für das Parlament[7]. Da der Begriff „unmittelbar geltendes Recht" allerdings eher gebräuchlich ist, er wird insbesondere in Art. 1 Abs. 3 GG („Die nachfolgenden Grundrechte binden Gesetzgebung, vollziehende Gewalt und Rechtsprechung als unmittelbar geltendes Recht.") verwendet, soll er auch dieser Untersuchung zugrundegelegt werden[8].

Zu unmittelbar geltendem Verfassungsrecht zählen die Staatsfundamentalnormen (a), die Grundrechte (b) und das sog. einfache Verfassungsrecht (c).

a) Staatsfundamentalnormen

aa) Staatsfundamentalnormen sind solche Vorschriften, die die Organisation des Staates und seiner Organe betreffen[9]; dies erhellen auch die vom Bundesverfassungsgericht[10] angeführten Beispiele wie die Wahlberechtigung, die Wählbarkeit, die Auflösungsbefugnis des Landtags, die Ministeranklage und das Notverordnungsrecht der Regierung in der Niedersächsischen Verfassung.

Zu Recht zählt die herrschende Meinung[11] die Staatsfundamentalnormen zum unmittelbar geltenden Recht. Es bedarf keiner Umsetzung mehr, um unmittelbar Rechtswirkungen entfalten zu können.

---

[7] Ähnlich *Lerche*, AöR, Bd. 90 (1965), S. 341, 346.
[8] Vgl. auch BVerfGE 51, 97, 114 m. w. N., wo von unmittelbar geltendem und anwendbarem Recht gesprochen wird.
[9] Vgl. *v. Mangoldt / Klein*, GG, Art. 31, Anm. III 3.
[10] BVerfGE 36, 342, 361 f.
[11] Vgl. *Stern*, Staatsrecht, Bd. I, S. 550 m. w. N. auch zur anderen Auffassung; vgl. auch *Schramm*, Staatsrecht, Bd. I, S. 131 f.

bb) Für diese Normen ist Art. 28 Abs. 1 GG[12] eine Spezialregelung gegenüber Art. 31 GG. Landesverfassungsbestimmungen dieser Art dürfen bis an die Grenze, die durch die Homogenitätsklausel gezogen ist, vom Bundesverfassungsrecht abweichen[13]. Die verfassungsmäßige Ordnung in den Ländern muß also den Grundsätzen des republikanischen, demokratischen und sozialen Rechtsstaats im Sinne des Grundgesetzes entsprechen. Dabei fließen konkrete Ausgestaltungen dieser grundgesetzlichen Prinzipien unter Umständen in die Landesverfassungen ein bzw. setzen ihnen Grenzen[14].

Die Forderung des Sozialen in Art. 28 GG besagt, „daß der Staat nach den Grundsätzen der sozialen Gerechtigkeit aufgebaut sein soll, oder daß das gesamte Recht eine soziale Tendenz haben soll"[15]. Wichtig

---

[12] Art. 28 Abs. 1 GG wird allgemein als „Normativbestimmung" bezeichnet (vgl. *Friesenhahn*, BVerfG und GG, Bd. I, S. 760 f.; *Stern*, Staatsrecht, Bd. I, S. 550; BVerfGE 6, 104, 111). Auf den Streit, ob Art. 28 Abs. 1 Satz 1 GG unmittelbar geltendes *Landes*verfassungsrecht setzt oder nicht (vgl. bei *Stern*, ebd.; BVerfGE 1, 208, 236 f.), kommt es vorliegend nicht an. In jedem Fall entfaltet Art. 28 Abs. 1 Satz 1 GG, der einen Rahmen für zulässige Regelungen der Landesverfassungen bildet, unmittelbare Rechtswirkungen gegenüber der Landesverfassung und den sich auf ihr konstituierenden Organen und Einrichtungen. Die Auffassung des BVerfG (E 1, 208, 236 f.), Art. 28 Abs. 1 Satz 2 GG gelte „nicht unmittelbar im Land", kann wohl nur bedeuten, daß ausschließlich der Bund, nicht aber jeder Dritte daraus Rechte unmittelbar herleiten kann. — Aber selbst wenn man Art. 28 Abs. 1 GG, der selbst Staatsfundamentalnorm ist, die unmittelbare Geltung abspräche, ihn etwa als eigenen Normtyp der Kollisions- oder der Normativbestimmungen ansehen wollte, berührte dies nicht die prinzipielle Richtigkeit der Zuordnung der Staatsfundamentalnormen zum unmittelbar geltenden Recht.

[13] Völlig abwegig daher *v. Löhneysen*, DÖV 1981, S. 332, 334, der aus der — seiner durchaus nicht unumstrittenen Ansicht nach — bundesverfassungsrechtlichen Zulässigkeit eines Kommunalwahlrechts für Ausländer folgert, Bestimmungen der Landesverfassungen, die eine Beteiligung von Ausländern ausschlössen, würden durch Art. 31 GG „verdrängt". Nur wenn — was offensichtlich abwegig ist — das GG die Beteiligung von Ausländern an Kommunalwahlen gebieten würde, wäre diese Ansicht zutreffend. — Auch einfaches Bundesrecht derogiert nicht Landesverfassungsrecht im staatsfundamentalen Bereich. So setzt z. B. § 30 AO (Steuergeheimnis) weder dem parlamentarischen Untersuchungsrecht des Bundestags (vgl. *Scholz*, AöR, Bd. 105, S. 616) noch dem der Landesparlamente Grenzen. Diese ergeben sich ausschließlich aus Normen des Verfassungsrechts, insb. den Grundrechten, den Prinzipien der Gewaltenteilung u.a.m. Das Strafrecht des Bundes kann nach zutreffender Ansicht auch nicht das Indemnitätsrecht für Landtagsabgeordnete regeln (vgl. dazu *Friesenhahn*, DÖV 1981, S. 524 ff.). — Zu den wesentlich engeren Grenzen, die Art. 28 Abs. 1 Satz 2 GG für das Wahlrecht in den Ländern und deren kommunalen Gebietskörperschaften setzt, vgl. *Linck*, DÖV 1981, S. 11 ff. m. w. N.

[14] Vgl. BVerfGE 40, 296, 319 — Diätenurteil — (zur Wirkung des Art. 48 Abs. 3 GG auf das Landesverfassungsrecht über Art. 28 Abs. 1 GG) und BVerfG NJW 1981, S. 971 m. w. N. (zur Einwirkung von Art. 80 Abs. 1 GG über die Grundsätze der Rechtsstaatlichkeit und der Demokratie). Vgl. auch BVerfGE 1, 208, 227; 2, 307, 319; 2, 380, 403; 9, 268, 281 ff.; 22, 106, 113 f.; 24, 367, 390 f.; 27, 44.

[15] *Maunz*, Staatsrecht, S. 79; vgl. auch *Benda*, RdA 1981, S. 137 ff.; ders., RdA 1979, S. 1 ff.; *Starck*, BVerfG und GG, Bd. II, S. 520 f.; *Forsthoff*,

34   C. Verschiedene Verfassungsnormtypen und ihr Kollisionsspektrum

ist in diesem Zusammenhang, daß die soziale Komponente ihrerseits Beschränkungen durch den Grundsatz der Rechtsstaatlichkeit und durch die grundrechtlich gewährten Freiheitspositionen unterliegt[16]. Für den Bereich der Wirtschafts- und Sozialordnung ist das Gebot der Homogenität gleichbedeutend mit einem Verbot in Grundsatzfragen divergierender Wirtschafts- und Sozialstrukturen in Bund und Ländern[17].

Das Prinzip der Rechtsstaatlichkeit verpflichtet dazu, alle staatliche Gewalt an Gesetz und Recht zu binden. So ist beispielsweise die Einrichtung von mit Entscheidungskompetenzen ausgestatteten Ausschüssen, die zwar zur staatlichen Verwaltung gehören, aber von der Regierung unabhängig und unkontrolliert sind, mit Art. 28 Abs. 1 Satz 1 GG unvereinbar[18].

Das Demokratieprinzip legt fest, daß alle Staatsgewalt, auch die Willensbildung[19], vom Volke auszugehen hat.

Das republikanische Prinzip ist eine klare Absage an die Monarchie und an das dynastische Prinzip[20]; es hat aber einen darüber hinausgehenden Sinngehalt. Republikanisch ist z. B. „das Amtsethos, der treuhänderische Dienst für das Volk, das Verbot der eigennützigen, gruppennützigen, parteilichen Amtsführung, die Überwindung der privaten und der gesellschaftlich-partikulären Motivation im Ethos der staatlichen Allgemeinheit"[21].

cc) Verstößt eine landesverfassungsrechtliche Norm gegen das Homogenitätsprinzip, dann ist sie nach ganz herrschender Meinung nichtig[22]. Die gegenteilige Auffassung[23], ein Verstoß gegen die Bestimmung des Art. 28 Abs. 1 GG löse nur die Anfechtbarkeit der landesverfassungsrechtlichen Norm aus, verkennt, daß dem Grundgesetz keine Anhaltspunkte zu entnehmen sind, die grundsätzliche Nichtigkeitssanktion des Art. 31 GG solle im Bereich der Staatsfundamentalnorm modifiziert

---

VVDStRL 12, S. 8 ff., 34 ff.; *Bachof*, ebd., S. 37 ff., 80 ff. *Herzog*, in: M/D/H/S, GG, Art. 20, VIII, Rdn. 1 ff.

[16] *Stern*, Staatsrecht, Bd. I, S. 718 ff. m. w. N.; *Forsthoff*, VVDStRL 12, S. 8 ff.; 34 ff.; *Bachof*, ebd., S. 37 ff.

[17] Vgl. *Mayer*, Gutachten, S. 15 m. w. N.

[18] BVerfGE 9, 268, 282.

[19] BVerfGE 20, 56, 98 f.; vgl. auch *v. Simson*, VVDStRL 29, S. 3 ff.; *Kriele*, ebd., S. 46 ff.

[20] Vgl. Nachweise bei *Isensee*, JZ 1981, S. 1 ff.

[21] *Isensee*, JZ 1981, S. 8. Vgl. dort den m. E. gelungenen Versuch, das Sinnpotential des Begriffs „Republik" neu zu beleben. In diesem Sinne auch *Henke*, JZ 1981, S. 249 ff.

[22] Vgl. *Maunz*, in: M/D/H/S, GG, Art. 28, Anm. 3; *Stern*, BK, Art. 28, Rdn. 16; ders., Staatsrecht, Bd. I, S. 550; *Roters*, in: v. Münch, GG, Art. 28, Rdn. 13 m. w. N.

[23] Vgl. *v. Mangoldt*, GG, 1. Aufl., S. 181.

werden. Überließe man die Lösung solcher Konfliktlagen dem Durchsetzungswillen der Bundesorgane, entstünde nicht nur Rechtsunsicherheit, es wären auch zwei widersprüchliche Fundamentalverfassungsnormen mit unmittelbarer Geltung in Kraft, die prinzipiell Anwendung verlangten[24].

dd) Art. 28 Abs. 1 GG ist jedoch nur *grundsätzlich* die spezielle Kollisions(vermeidungs-)norm für Staatsfundamentalnormen. Gewisse Teilbereiche sind vom Grundgesetz eigens geregelt, sind also speziellere Normen, die Art. 28 Abs. 1 GG vorgehen und im Ergebnis die unmittelbare Anwendbarkeit von Art. 31 GG begründen können. Solche Bereiche sind z. B. das Verhältnis des Staates zu den Kirchen (Art. 140 GG i. V. m. Art. 136 ff. WRV), die Unabhängigkeit der Richter (Art. 97 GG) und die Grundsätze über den öffentlichen Dienst (Art. 33 GG)[25]. Bei einer weiten Betrachtung könnte unter Umständen noch die Amtshaftungsnorm (Art. 34 GG) hierzu gerechnet werden. Verfassungsbestimmungen der Länder wird in diesen Bereichen ein nicht so großer (oder überhaupt kein) Abweichungsspielraum zugestanden, wie dies regelmäßig bei anderen Staatsfundamentalnormen der Länder der Fall ist.

b) Grundrechte

aa) Grundrechte dienen der Sicherung einer individuellen Freiheitssphäre. Sie schützen regelmäßig vor staatlichem Eingriff, haben aber auch die interindividuelle Abgrenzung der Freiheits- und Interessensphären zum Gegenstand[26]. Daneben sind die Gewährleistung der Gleichbehandlung und der Sozialstaatsgedanke, gewissermaßen die Fortführung des Egalitätsprinzips, von Bedeutung.

Für die Frage, welche Vorschriften der Landesverfassung Grundrechtsqualität besitzen, kommt es nicht darauf an, ob sie dort ausdrücklich als Grundrechte ausgewiesen sind. Ausschlaggebend ist ein materielles Grundrechtsverständnis[27]. Freilich ist die Abgrenzung der Grundrechte von sog. einfachem Verfassungsrecht im Einzelfall schwierig. Tendenzielle Unterschiede, durch Art. 142 GG[28] und durch allgemeine Erwägungen zur Zulässigkeit mit Bundesrecht inhaltsgleichen Landesverfassungsrechts[29] geboten, machen die Unterscheidung jedoch

---

[24] Ebenso *Roters*, in: v. Münch, GG, Art. 28, Rdn. 13 m. w. N.
[25] Vgl. BVerfGE 4, 115, 135: „Durch Art. 33 Abs. 5 GG wird dem Landesbesoldungsrecht bereits von Grundgesetzes wegen ein gewisser Rahmen gezogen."
[26] Vgl. *Zippelius*, Ev. Staatslexikon, Sp. 925; vgl. auch *Kratzer*, Verfassung und Verwaltung, S. 108 f.
[27] Ebenso *Kratzer*.
[28] Dazu noch unten bb.
[29] Vgl. insb. oben unter B. III. 1. c dd.

erforderlich. Unproblematisch sind Fälle traditioneller Grundrechtsverbürgungen, wozu auch solche gehören, denen nach dem Willen der jeweiligen Verfassungsväter Grundrechtsqualität zukommen sollte. Bei Verfassungsänderungen wird regelmäßig[30] auf die Intention, die mit der Änderung verfolgt wird, abzustellen sein.

bb) Soweit landesverfassungsrechtlich verbürgte Grundrechte inhaltlich mit grundgesetzlich verbürgten Grundrechten übereinstimmen, sind sie nach dem oben bereits allgemein zum Verhältnis der Landesverfassung zur Bundesverfassung Gesagten[31] wirksam. Art. 142 GG hat insoweit nur deklaratorische Bedeutung.

Im Verhältnis zum sog. einfachen Verfassungsrecht kommt den Grundrechten im Bereich des inhaltsgleichen Rechts eine besondere Bedeutung zu. Oben[32] wurde bereits dargelegt, daß Landesverfassungen nicht auf eine Spiegelung, eine thematische Entsprechung bundesverfassungsrechtlicher Normen angewiesen sind. Im Wege einer Gesamtbetrachtung ist allerdings zu prüfen, ob Intention oder Quantität des mit Bundesrecht übereinstimmenden und *neugeschaffenen* Landesverfassungsrechts nicht ein Maß erreichen, daß der Grundsatz bundesfreundlichen Verhaltens verletzt wird. Dieser Gesichtspunkt dürfte für landesverfassungsrechtliche Grundrechte, mit Rücksicht auf Art. 142 GG, kaum je Bedeutung erlangen. Ihm könnte eher im Bereich des sog. einfachen Verfassungsrechts Gewicht beigemessen werden. Hervorzuheben ist in diesem Zusammenhang, daß solche Erwägungen nur bei Änderungen von Landesverfassungen anzustellen sind. Ursprüngliches Landesverfassungsrecht weist weder quantitativ beträchtliche Übereinstimmungen mit einfachem Bundesrecht auf, noch wurde es in der Intention geschaffen, Bundesrecht zu kopieren, was bei vorgrundgesetzlichen Verfassungen offensichtlich[33] ist.

cc) Art. 142 GG bestätigt den Ländern aber nicht nur die Befugnis, inhaltsgleiche Grundrechte zu normieren. Wie aus dem Wort „auch" zu schließen ist, wird den Ländern die Möglichkeit zu weitergehenden Grundrechtsgewährleistungen eröffnet[34]. Die Grundrechte sind im Grundgesetz inhaltlich nicht abschließend geregelt. Hierfür spricht auch die Entstehungsgeschichte der Vorschrift. Es sollte der in den Landesverfassungen zusätzlich geschützte Bereich nicht durch die Grundrechte

---

[30] Natürlich kann auch die Intention rechtsmißbräuchlich sein und Ausnahmen von diesem Grundsatz in einem — allerdings kaum zu erwartenden Fall — rechtfertigen.
[31] Vgl. oben B., insb. III. 1. c dd.
[32] Vgl. oben aa.
[33] Für nachgrundgesetzliche Verfassungen gilt das Entsprechende.
[34] Vgl. auch *Kratzer*, Verfassung und Verwaltung, S. 116.

III. Kollisionsspektrum der Verfassungsnormtypen 37

des Grundgesetzes verloren gehen[35]. Schließlich spricht für diese Auslegung, „die Intention der rechtsstaatlichen Verfassung, den Freiheitsraum des einzelnen in weitem Umfang zu garantieren und zu schützen"[36].

Soweit sich jedoch aus dem Grundgesetz ergibt, daß weiterführende Grundrechtsgewährleistungen ausgeschlossen sein sollen, sind die betreffenden Landesverfassungsbestimmungen unwirksam[37]. Letzteres ist häufig im Wege der Freiheitsabwägung innerhalb der einzelnen Grundrechte geschehen. Die Meinungs- und die Pressefreiheit beispielsweise (Art. 5 Abs. 1 GG) „finden ihre Schranken in den Vorschriften der allgemeinen Gesetze, den gesetzlichen Bestimmungen zum Schutze der Jugend und in dem Recht der persönlichen Ehre" (Art. 5 Abs. 2 GG). Eine Bestimmung der Landesverfassung kann von diesen Schranken keine Befreiung erteilen, da anderenfalls die durch diese Schranken Geschützten in ihren ebenfalls grundgesetzlich verbürgten Rechten beeinträchtigt würden.

dd) Die weiterführenden Landesgrundrechte dürfen auch einfachem Bundesrecht nicht widersprechen[38]. Jede Bundesrechtsnorm, die zulässigerweise bundesrechtlich gewährleistete Grundrechte einschränkt und die im übrigen wirksam ist, kann also ein landesverfassungsrechtlich verbürgtes Grundrecht derogieren, wenn eine bundesrechtskonforme Auslegung ausscheidet[39]. Dieses Ergebnis folgt schon daraus, daß die Länder nach dem Willen des Grundgesetzes nicht in der Lage sein sollen, durch Anhebung einer Rechtsverbürgung in die Verfassungsebene dem Bundesrecht inhaltlich widersprechendes Landesrecht zu schaffen. Weiterreichende landesverfassungsrechtliche Grundrechtsverbürgungen haben daher nur für die Landesorgane Bedeutung und dies nur so lange als der Bundesgesetzgeber[40] nicht in widersprechender und zulässiger Weise tätig geworden ist.

---

[35] Vgl. v. Münch, in: v. Münch, GG, Art. 142, Rdn. 5; Böckenförde / Grawert, DÖV 1971, S. 120 f.
[36] Böckenförde / Grawert, DÖV 1971, S. 120 f. m.w.N.
[37] Hesse, Grundzüge, S. 35.
[38] Abwegig Milleker, DVBl. 1969, S. 129, 133, alle Landesgrundrechte gingen dem einfachen Bundesrecht vor.
[39] Vgl. v. Münch, in: v. Münch, GG, Art. 142, Rdn. 6.
[40] Das Entsprechende gilt für Rechtsverordnungen des Bundes. Ermächtigt ein Bundesgesetz die Landesregierung zum Erlaß einer Rechtsverordnung, dann ist zu differenzieren: Da einer Rechtsverordnung einer Landesregierung aufgrund Bundesgesetzes Landesrechtsqualität zukommt, entbindet die Ermächtigung grundsätzlich nicht von der Beachtung der Landesverfassung und der Landesgesetze (vgl. BVerfGE 18, 407, 414; allein diese Auffassung entspricht dem bundesstaatlichen Prinzip). Etwas anderes gilt dann, wenn die Verordnungsermächtigung zu einer bestimmten, einer Landesverfassung widersprechenden Regelung zwingt. In diesem Fall setzt be-

Den Landesverfassungen kann auch nicht die Funktion zugewiesen werden, kompetenzgemäß getroffene Entscheidungen des Bundes „nachzubessern"[41]. Zu Recht geht das Bundesverfassungsgericht[42] davon aus, daß es nicht in der Kompetenz des Landesgesetzgebers liege, auftretende Lücken bundesrechtlicher Kodifikationen zu schließen. Es ist Aufgabe des Richters, dem Rechtsmangel in Konkretisierung der der Kodifikation zugrundeliegenden Prinzipien abzuhelfen. Die Kritik von *Walter*[43], es gäbe keine Präponderanz der (landes!-)gerichtlichen Lückenfüllung gegenüber den Landesparlamenten[44], verkennt, daß auch Landesgerichte Bundes-Recht sprechen und jederzeit die Möglichkeit einer bundes*einheitlichen* Lückenfüllung durch Bundesgerichte besteht. Für die Landesverfassung gilt das Entsprechende. Zwar binden den Landesverfassungsgeber nicht die Kompetenzvorschriften[45]. Füllt er aber (vermeintliche Lücken) oder Ungereimtheiten des Bundesrechts etwa durch ein Grundrecht[46] aus, hat dieses nur Bestand, wenn Bundesrecht im Sinne der Landesverfassung inhaltsgleich zu verstehen ist[47].

ee) Durch die Landesverfassung gewährte Grundrechte, die hinter den Verbürgungen des Grundgesetzes zurückbleiben, stehen inhaltlich nicht mit dem Grundgesetz in Übereinstimmung, sie sind daher unwirksam[48]. Die abweichende Auffassung[49] verkennt, daß Art. 142 GG einen Mindeststandard[50] verbürgen will.

ff) Soweit Grundrechte in Landesverfassungen dem Bundesrecht, wie dargelegt, widersprechen, sind sie nichtig. Es bleibt also bei der Regelsanktion des Art. 31 GG. Art. 142 GG oder allgemeine Grundaussagen des Grundgesetzes gebieten keine andere Betrachtung.

---

reits die bundesrechtliche Ermächtigung das entgegenstehende Landesrecht außer Kraft.

[41] Vgl. auch BVerfGE 36, 193, 211; 36, 314, 320.
[42] BVerfGE 34, 269, 286 ff.; 37, 191, 198 f.
[43] *Walter*, NJW 1974, S. 1815 f.; zust. *v. Olshausen*, Landesverfassungsbeschwerde, S. 159.
[44] *Walter*, NJW 1974, S. 1816, begründet dies mit der Bindung des Richters an das Gesetz (Art. 20 Abs. 3 GG) und mit Art. 72 GG. Dies ist jedoch ein Zirkelschluß. Die Frage ist doch, was „Gesetz" ist und wie weit die Sperrwirkung des Art. 72 GG reicht.
[45] Vgl. *v. Mangoldt / Klein*, GG, Art. 31, Anm. III 10 a.
[46] z. B. im Bereich des Datenschutzes oder des Asylrechts, vgl. *Kloepfer*, Datenschutz als Grundrecht, 1980; *v. Olshausen*, Landesverfassungsbeschwerde, S. 159 m. w. N.
[47] a. A. *v. Olshausen*, Landesverfassungsbeschwerde, S. 159 f.
[48] Vgl. *v. Münch*, in: v. Münch, GG, Art. 142, Rdn. 7; *Böckenförde / Grawert*, DÖV 1971, S. 122 m. w. N.; *Kratzer*, Verfassung und Verwaltung, S. 116.
[49] Vgl. *Meder*, LV Bay, Vorb. vor Art. 98, Rdn. 7 m. w. N. auch zur Rspr. des BayVerfGH.
[50] Kritisch dazu *Maunz*, in: M/D/H/S, GG, Art. 142, Rdn. 14 f.

III. Kollisionsspektrum der Verfassungsnormtypen 39

Der dogmatische Streit[51], ob ein Grundrecht mehrfach garantiert sein kann, spielt dabei keine Rolle. *v. Ohlshausen*[52] mag man — entgegen der herrschenden Meinung — zustimmen, daß es dogmatisch möglich ist, ein „Grundrecht" von seiner „Garantie" zu trennen. Ähnlich hatte sich schon vor ihm *Friesenhahn*[53] geäußert: „Das Grund-,recht' besteht doch überhaupt nur in der ‚Garantie'." In der Tat läßt sich die herrschende Meinung, *ein* Grundrecht könne nur doppelt verbürgt werden, nur aus dem naturrechtlichen Denken erklären, über das zu streiten kaum lohnt. Auch wenn man mit *Friesenhahn* und *v. Ohlshausen* von einer doppelten *Gewährung* des Grundrechts ausgeht, weil die Verfassungen in Bund und Ländern kein vorgegebenes Recht schützen, bleibt das Ergebnis unverändert. Landesverfassungsgrundrechte, die schwächer sind als Bundesgrundrechte oder die einfachem Bundesrecht widersprechen, werden von der Nichtigkeitssanktion des Art. 31 GG ereilt. Gegen die Ansicht *v. Ohlshausen's*, auch schwächere Landesgrundrechte blieben neben Grundrechten des Grundgesetzes wirksam, seien daher von den Landesverfassungsgerichtshöfen zu beachten, und Bundesgrundrechte aktualisierten sich gegenüber der Landesstaatsgewalt unmittelbar über Art. 1 Abs. 3 GG[54], sprechen die bereits oben[55] angeführten Grundsätze der mangelnden Normenklarheit und der Beständigkeit und Kontinuität der Rechtsordnungen der Länder. Gerade unmittelbar geltendes und anwendbares Recht ist diesen Bedenken in besonderem Maß ausgesetzt, wobei es keinen Unterschied macht, ob es sich um Grundrechte oder sonstiges unmittelbar geltendes Verfassungsrecht handelt. Für diese Auffassung spricht nicht zuletzt die Entstehungsgeschichte des Art. 142 GG[56]. Es sollte lediglich eine landesrechtliche Gewährleistung von Grundrechten — auch im Sinne eines Mehr an Grundrechten — sichergestellt werden, ohne daß „sie einer sonst zulässigen bundesrechtlichen Regelung" entgegenstehen können sollten[57].

---

[51] Vgl. dazu *Geiger*, Verfassung und Verwaltung, S. 259; *v. Olshausen*, Landesverfassungsbeschwerde, S. 110 ff.
[52] Vgl. *v. Olshausen*, ebd.
[53] *Friesenhahn*, BVerfG und GG, Bd. I, S. 764; ebenso *Geller / Kleinrahm*, LV N-W, 3. Aufl., Art. 4, Anm. 2 a.
[54] Vgl. *v. Olshausen*, Landesverfassungsbeschwerde, S. 121 f.
[55] III. 2. b.
[56] Vgl. *v. Doemming / Füßlein / Matz*, JöR, N.F. Bd. 1, S. 911; *Kratzer*, Verfassung und Verwaltung, S. 110 ff.
[57] Vgl. BVerfGE 1, 264, 281.

c) Sog. einfaches Verfassungsrecht

Unter sog.[58] einfachem Verfassungsrecht sollen alle Vorschriften verstanden werden, die weder Staatsfundamentalnormen noch Grundrechtsverbürgungen sind und die unmittelbar Geltung beanspruchen, d. h. sie entfalten unmittelbar die von ihnen letztlich intendierte Rechtswirkung oder es wird ein bestimmter Rechtszustand oder ein bestimmtes Rechtsverhältnis unmittelbar durch die Verfassung geregelt.

Das einfache Landesverfassungsrecht kann grundsätzlich nur dann Bestand haben, wenn bundesrechtliche Regelungen nicht oder als inhaltsgleiches Recht bestehen oder wenn das Bundesrecht ausnahmsweise abweichende Regelungen zuläßt.

Insbesondere bei sog. einfachem Landesverfassungsrecht ist stets genau zu untersuchen, ob der Bundesgesetzgeber nicht von einem bestimmten Rechtsgebiet abschließend Gebrauch gemacht hat und eine Regelung, wie sie die Landesverfassung enthält, bei ganzheitlicher Betrachtung nicht ausgeschlossen sein sollte. Auf keinen Fall ist die Landesverfassung zur Nachbesserung bundesrechtlicher Kodifikationen berufen[59].

2. Verfassungsaufträge in weitem Sinne

Verfassungsaufträge i. w. S. sind Normen der Verfassung, die einen bestimmten Adressaten zu irgendeinem Verhalten veranlassen wollen. Regelmäßig wenden sich Verfassungsaufträge an den Gesetzgeber, sie können aber auch andere Staatsorgane und Private betreffen[60].

Bei den Verfassungsaufträgen i. w. S. sind zunächst zwei Gruppen zu unterscheiden, die konkreten Verfassungsaufträge (a) und die Programmsätze (b). Jede dieser Gruppen ist weiterhin danach zu unterscheiden, ob sie den jeweils von ihr angesprochenen Adressaten („Beauftragten") zu einem Verhalten verpflichtet (aa) oder hierzu „nur" auffordert oder ermächtigt (bb). Bei allen Verfassungsaufträgen i. w. S. — also sowohl bei den konkreten Verfassungsaufträgen als auch bei Programmsätzen — nehmen die an den Landesgesetzgeber gerichteten Aufträge (Gesetzgebungsaufträge) eine gewisse Sonderstellung ein.

---

[58] Mit dem einschränkenden Wort soll zum Ausdruck gebracht werden, daß einfaches Verfassungsrecht kein Verfassungsrecht minderer Qualität ist, sondern im Vergleich zu Staatsfundamentalnormen und Grundrechten lediglich anderen „Gesetzlichkeiten" (im Verhältnis zum Bundesrecht) folgt.
[59] Es gilt das zu den Grundrechten Gesagte; vgl. oben b dd.
[60] Vgl. z. B. Art. 51 Abs. 1 LV R-P, der sich an „die Wirtschaft" richtet.

III. Kollisionsspektrum der Verfassungsnormtypen   41

a) Konkrete Verfassungsaufträge

Soweit Verfassungsaufträge inhaltlich zu konkreten Maßnahmen verpflichten, auffordern oder ermächtigen, stehen sie an sich dem unmittelbar geltenden Recht gleich. Für ihren primären Adressaten, den Beauftragten nämlich, handelt es sich in des Wortes strenger Bedeutung um unmittelbar geltendes Recht[61]. Diese Bezeichnung ist nur deshalb nicht gebräuchlich, weil der letztlich durch den Verfassungsauftrag intendierte Zweck weitere Regelungen oder Maßnahmen des Beauftragten erfordert („Umsetzung"), so daß für die sekundären Adressaten der Verfassungsauftrag kein unmittelbar geltendes Recht darstellt.

Ein *konkreter* Verfassungsauftrag liegt immer dann vor, wenn die Verfassung selbst solche Bestimmungen trifft, daß, im Grundsatz jedenfalls, bestimmte Maßnahmen — etwa einen bestimmten rechtlichen oder tatsächlichen Zustand oder eine bestimmte Organisation zu schaffen — schon anhand des Verfassungstextes festgestellt werden können oder aber daß ein bestimmter Zuständigkeitsbereich, der mit Hilfe anerkannter Auslegungsmethoden klar begrenzt werden kann, benannt wird, den es durch bestimmte Maßnahmen oder Regelungen auszufüllen gilt.

aa) Konkrete verpflichtende Verfassungsaufträge

Konkrete verpflichtende Verfassungsaufträge lassen dem jeweiligen Adressaten im Prinzip keinen Freiraum, *ob* er den Verfassungsauftrag erfüllen will oder nicht. Allenfalls[62] die Wahl der Mittel, den Auftrag zu realisieren, wird ihm freigestellt.

Ein konkreter verpflichtender Verfassungsauftrag in der Landesverfassung ist grundsätzlich nur dann wirksam, wenn er vom Adressaten ohne Verstoß gegen Bundesrecht ausgeführt werden kann[63].

Eine Besonderheit ergibt sich für die Gruppe der *Gesetzgebungsaufträge* — Adressat des Verfassungsauftrages ist also das Landesparlament. Ein konkreter verpflichtender Gesetzgebungsauftrag der Landesverfassung bleibt selbst dann wirksam, wenn der Bund auf diesem Gebiet in zulässiger Weise von der ihm zustehenden Gesetzgebungsbefugnis Gebrauch gemacht hat, den Ländern also eine gesetzliche Regelung — jedenfalls zur Zeit — versagt ist. Der landesverfassungsrecht-

---

[61] Zur Terminologie vgl. oben 1. vor a.
[62] Verfassungsaufträge können selbstverständlich eine solche Konkretisierungsdichte erreichen, daß selbst die Wahl der Mittel für den Gesetzgeber oder sonstigen Adressaten nicht mehr besteht oder zumindest stark eingeschränkt ist.
[63] Dies folgt unmittelbar aus Art. 31 GG. Das GG sieht *im Grundsatz* keine abweichende Regelung vor.

liche Gesetzgebungsauftrag ist nur nicht „umsetzbar", d. h. für die Dauer der Geltung des Bundesrechts ist der Landesgesetzgeber von der Verpflichtung des Auftrags entbunden.

Die „Sonderstellung" der landesverfassungsrechtlichen Gesetzgebungsaufträge im konkurrierenden Bereich, eingeschlossen der Rahmengesetzgebung[64], rechtfertigt sich daraus, daß das Grundgesetz auch den Ländern diese Gesetzgebungsmaterien zugewiesen hat[65]. Zwar können Bund und Länder nicht nebeneinander (kumulativ) zuständig sein, jedoch sind die Länder im Prinzip ebenso zur Regelung dieser Materien berufen wie der Bund. Erst wenn, solange und soweit der Bund bei Vorliegen der Voraussetzungen des Art. 72 Abs. 2 GG zulässigerweise[66] ein bestimmtes Sachgebiet des konkurrierenden Gesetzgebungsbereichs regelt, sind den Ländern einfach gesetzliche Regelungen für die Dauer des Bestehens des Bundesrechts verwehrt. Ihre verfassungsrechtlichen Gesetzgebungsaufträge bleiben jedoch wirksam für den Fall, daß der Bund die Zuständigkeit des betreffenden Bereichs wieder an die Länder „abgibt". Das Entsprechende gilt für den Bereich der ausschließlichen Gesetzgebung des Bundes, in dem das Grundgesetz immerhin eine Landeszuständigkeit nicht ausnahmslos ausschließt. Die Länder können nach Art. 71 GG vom Bund zur Gesetzgebung ermächtigt werden.

Folgt man dieser Auffassung, dann kommt es auch nicht darauf an, wie die derzeitigen Regelungen des Bundes in einfachen Gesetzen ausgestaltet sind. Ein landesverfassungsrechtlicher Gesetzgebungsauftrag ist also nicht deshalb nichtig, weil er eine andere, dem einfachen Bundesrecht widersprechende Regelung vom Landesgesetzgeber verlangt. Der landesverfassungsrechtliche Gesetzgebungsauftrag kommt nämlich erst dann wieder zum Zuge, wenn eben diese bundesrechtliche Regelung nicht mehr besteht[67], eine Kollision somit logisch ausgeschlossen ist.

---

[64] Unter konkurrierender Zuständigkeit wird im folgenden auch die Rahmenkompetenz verstanden, die nach zutreffender Auffassung ein Unterfall der konkurrierenden Zuständigkeit ist. Davon geht auch das GG in Art. 70 Abs. 1 GG aus. Zum Meinungsstreit vgl. *v. Münch*, in: v. Münch, GG, Art. 75, Rdn. 2 m. w. N.

[65] Art. 30, 70 Abs. 1, 72 GG.

[66] Leider stellt das BVerfG die Frage, ob ein Bedürfnis nach bundesgesetzlicher Regelung i. S. d. Art. 72 Abs. 2 GG besteht, in das pflichtgemäße Ermessen des Bundesgesetzgebers, das der Nachprüfung durch das BVerfG grundsätzlich entzogen ist (BVerfGE 2, 213, 214; 4, 115, 127 f.; 10, 234, 245; zust. *Hamann / Lenz*, GG, Art. 72, Anm. B 4; *v. Mangoldt / Klein*, GG, Art. 72, Anm. IV 5 m. w. N., vgl. dazu neulich wieder *Majer*, Verfassungsgerichtsbarkeit, S. 41 ff., 66 ff.). Zum Schutze der Staatlichkeit der Länder sollte diese Rspr. zumindest „aufgelockert" werden (vgl. *Maunz*, in: M/D/H/S, GG, Art. 72, Rdn. 14 f.; *Jutzi*, Deutsche Schulen im Ausland, S. 128, jeweils m. w. N.).

[67] Im Bereich der ausschließlichen Gesetzgebung des Bundes ist zusätzlich eine Ermächtigung nach Art. 71 GG erforderlich.

III. Kollisionsspektrum der Verfassungsnormtypen 43

Gleichwohl kann auch ein solcher landesverfassungsrechtlicher Gesetzgebungsauftrag nichtig sein. Dies ist immer dann der Fall, wenn die Verfassung etwas vom Landesparlament verlangt, was — ohne Rücksicht auf die Zuständigkeiten — bundes*verfassungs*rechtlich unzulässig wäre. Hier gilt nämlich nicht, daß das Landesparlament im Prinzip ebenfalls zu einer Regelung berufen wäre. Das Grundgesetz will in diesen Fällen gerade bestimmte materiell-rechtliche Regelungen verbieten, ohne daß es darauf ankommen soll, welcher Kompetenzträger zur Normierung dieses Sachbereichs berufen ist.

Zur Verdeutlichung dieses Unterschieds diene folgendes Beispiel: Angenommen die Landesverfassung schriebe vor, der Gesetzgeber müsse für bestimmte Kapitalverbrechen als Höchststrafe die Todesstrafe einführen. Eine solche Bestimmung wäre nicht etwa deshalb unwirksam, weil den Ländern auf dem Gebiet des Strafrechts zur Zeit insoweit keine Kompetenz zusteht (Art. 70, 72, 74 Nr. 1 GG). Sondern, weil Art. 102 GG die Todesstrafe für abgeschafft erklärt, wäre der landesverfassungsrechtliche Gesetzgebungsauftrag nichtig[68]. Neben einer solchen speziellen Verbotsnorm sind im Bundesverfassungsrecht insbesondere die Grundrecht materiell-rechtliche Regelungen, die unabhängig von der Zuständigkeitsfrage Bundes- und Landesgesetzgeber in gleicher Weise binden.

Praktisch läuft diese Auffassung darauf hinaus, daß alle verpflichtenden Verfassungsaufträge der Landesverfassung unter dem Vorbehalt der kompetenzrechtlichen Zulässigkeit stehen. Dagegen könnte eingewendet werden, daß dies im Verfassungstext der Landesverfassungen hätte Ausdruck finden müssen. Es bliebe dabei jedoch unberücksichtigt, daß die vorgrundgesetzlichen Verfassungen mögliche Ausgestaltungen des Bundesverfassungsrechts kaum berücksichtigen konnten. Schließlich würde das grundsätzliche Verhältnis des Bundes zu den Ländern sowie das Verhältnis ihrer Verfassungen zueinander verkannt. Dem durch eine gegenseitige Rücksichtnahme gekennzeichneten Verhältnis des Bundes zu den Ländern wird es in besonderer Weise gerecht, daß die „harte" Folge der Nichtigkeit des Landesverfassungsrechts nur dann eintritt, wenn dies zur Vermeidung von Normenkollisionen unter Wahrung des Prinzips der Normen-(geltungs-)klarheit erforderlich ist. Die Erforderlichkeit bemißt sich dabei anhand des Art. 31 GG, der — gewissermaßen im Zweifel — für die Nichtigkeit spricht.

---

[68] Da das Entsprechende auch für ermächtigende und auffordernde Gesetzgebungsaufträge gilt (vgl. unten bb), sind die in einigen Landesverfassungen enthaltenen Bestimmungen, die von der Möglichkeit der Todesstrafe ausgehen, nichtig (vgl. Art. 47 Abs. 4 LV Bay; Art. 121 Abs. 2 LV Bre; Art. 21 Abs. 1 Satz 2 LV Hes; Art. 3 Abs. 1 Satz 2 und Art. 103 Abs. 1 Satz 3 LV R-P). Vgl. dazu auch die Antwort der Landesregierung R-P auf die Kleine Anfrage des Abgeordneten Haberer (LT-Drs. 9/1841 vom 3. 11. 1981).

44   C. Verschiedene Verfassungsnormtypen und ihr Kollisionsspektrum

Das heißt, es ist nicht möglich, etwa das ganze Landesverfassungsrecht unter den Vorbehalt der bundesrechtlichen Zulässigkeit zu stellen mit der Folge, daß das Landesverfassungsrecht wirksam, aber unanwendbar bleibt, bis das Bundesrecht vielleicht einmal aufgehoben oder geändert wird. Wäre man dieser Ansicht, dann gäbe es zum einen kein Landesverfassungsrecht mehr, das durch Bundesrecht außer Kraft gesetzt würde, wovon Art. 31 GG ersichtlich nicht ausgeht. Zum anderen wäre im Einzelfall schwer zu entscheiden, welche der an sich kollidierenden Normen gelten. Dies sollte durch die „radikale" Anordnung des Art. 31 GG gerade vermieden werden, wonach das Landesrecht in diesen Fällen gebrochen wird[69]. Jedoch in einem Bereich, in dem das Grundgesetz im Grundsatz von einer möglichen Länderzuständigkeit ausgeht, sollte es der Landesverfassung erlaubt sein, einen Gesetzgebungsauftrag für den Fall zu erteilen, daß die Länder zuständig sind bzw. werden. Es handelt sich um Gesetzgebungsaufträge auf Vorrat. Die grundsätzliche Rechtsfolge des Art. 31 GG wird für Gesetzgebungsaufträge somit durch die Regelungen des Grundgesetzes in Art. 70 ff. GG modifiziert.

Der Grundsatz der Normen-(geltungs)-klarheit, dem Art. 31 GG zu dienen bestimmt ist[70], wird insoweit durch das Grundgesetz etwas eingeschränkt. Es ist dies die Folge von konkurrierenden Zuständigkeiten im Bundesstaat überhaupt. Auch im Bereich der einfachen Normsetzung müssen Bund und Länder stets prüfen, ob sie zuständig sind. Die Zuständigkeitsprüfung ist auch kein einmaliger Akt, da konkurrierende Zuständigkeiten stets einen Wechsel der Kompetenz zumindest denkbar erscheinen lassen[71].

Der Grundsatz der Beständigkeit und Kontinuität der Rechtsordnung wird auch nicht verletzt[72]. Zwar werden die Landesgesetzgeber, durch die Entscheidung des Bundes ausgelöst, unter Umständen gezwungen, eine ihnen wieder zugefallene Gesetzgebungskompetenz in Übereinstimmung mit ihren Verfassungen zu regeln, was auch Änderungen einer Reihe von Bestimmungen nach sich ziehen kann, die unter Geltung des Bundesrechts unbedenklich waren. Dies wird jedoch vom Grundgesetz hingenommen. Wird eine konkurrierende Gesetzgebungskompetenz vom Bund nicht mehr besetzt, entsteht den Ländern neuer Gestaltungsfreiraum, der — je nach Lage des Falles — evtl. auch aufgefüllt werden muß. Die Rechtsordnungen der Länder werden außer-

---

[69] Vgl. oben B. 2. b.
[70] Vgl. im einzelnen oben B. 2. b.
[71] Allerdings soll der Bundesgesetzgeber nach h. M. (vgl. *v. Münch*, in: v. Münch, GG, Art. 72, Rdn. 19; *v. Mangoldt / Klein*, GG, Art. 72, Anm. IV 4 f) bei späterem Wegfall des Bedürfnisses für eine bundeseinheitliche Regelung nicht nach Art. 72 Abs. 2 GG verpflichtet sein, seine Regelung aufzuheben.
[72] Vgl. oben B. 2. b.

dem nur marginal berührt. Ein Verfassungsauftrag der Landesverfassung muß nämlich stets — wie oben ausgeführt wurde — materiellrechtlich mit der Bundesverfassung in Einklang stehen. Der Bund hätte also jederzeit eine — dem Landesverfassungsauftrag gemäße — bundesrechtliche Regelung treffen können. Dies hätte für die Rechtsordnungen der Länder bei entsprechendem Tätigwerden des Bundes dieselbe Konsequenz gehabt wie die Anordnung in ihren Landesverfassungen.

bb) Konkrete auffordernde
und ermächtigende Verfassungsaufträge

Auffordernde Verfassungsaufträge legen eine bestimmte Verhaltensweise nahe (typisch: Soll-Vorschriften), ohne letztlich dazu zu zwingen. Sie stehen also zwischen verpflichtenden Verfassungsaufträgen und Verfassungsermächtigungen, die es dem Adressaten völlig freistellen (typisch: Kann-Vorschriften), ob er davon Gebrauch machen will oder nicht.

Der Unterschied bezüglich der Wirksamkeit dieser Verfassungsaufträge zu den konkreten verpflichtenden liegt darin, daß es bei den auffordernden und ermächtigenden Verfassungsaufträgen nie darauf ankommt, ob dem Adressaten noch eine Zuständigkeit verblieben ist[73], da eine bestimmte Regelung nicht auf jeden Fall verlangt wird; vielmehr ist dies eine Frage der Kompetenzverteilung, die durch einen auffordernden oder ermächtigenden Verfassungsauftrag nicht präjudiziert wird. Während also bei den konkreten verpflichtenden Verfassungsaufträgen die Zuständigkeit nur für Gesetzgebungsaufträge ohne Bedeutung ist, können Zuständigkeitsfragen bei konkreten auffordernden und ermächtigenden Verfassungsaufträgen auch bei allen anderen möglichen Adressaten (z. B. Exekutive oder Private) vernachlässigt werden. Dem Grundgesetz kann zwar keine explizite Regelung für diese „Ausnahme" entnommen werden. Diese ergibt sich jedoch aus der Natur der Sache. Auffordernde oder verpflichtende Verfassungsaufträge können in kompetenzrechtlicher Sicht keine Kollision bewirken; sie entbinden auch nie von der Prüfung der Zuständigkeit. Das materielle Bundesverfassungsrecht müssen diese Verfassungsaufträge allerdings ebenfalls einhalten[74].

Auf das einfache Bundesrecht kommt es — insoweit in Übereinstimmung mit konkreten verpflichtenden *Gesetzgebungs*aufträgen — auch bei konkreten auffordernden oder ermächtigenden Gesetzgebungsaufträgen nicht an. Alle Verfassungsaufträge an andere Adressaten

---

[73] Vgl. auch generell dazu BVerfGE 36, 342, 368.
[74] Vgl. dazu oben aa (insb. Fn. 68) das Beispiel zu verfassungsrechtlichen Regelungen der Todesstrafe.

müssen hierauf indes Rücksicht nehmen, Normenkollisionen sind in diesem Bereich nämlich möglich. Denn obwohl ermächtigende und auffordernde Verfassungsaufträge nicht unbedingt zu einer Regelung verpflichten, beinhalten sie für den „Beauftragten" unmittelbar geltendes Recht, von dem er im Falle seiner Anwendung nicht abweichen dürfte und wodurch er in einen — unzulässigen — Zielkonflikt wegen des inhaltlich abweichenden Bundesrechts käme. Die Regelungen würden also kollidieren. Eine Ausnahme von dem allgemeinen Grundsatz des Art. 31 GG sieht das Grundgesetz für diese Fälle nicht vor.

b) *Programmsätze*

Programmsätze sind Verfassungsaufträge, die inhaltlich so vage gefaßt sind, daß konkrete Rechtsfolgen daraus nicht entnommen werden können. Programmsätze wenden sich vornehmlich — nicht notwendig — an die staatlichen Organe, denen sie (nur) eine Richtlinie für deren Tätigkeit an die Hand geben, ohne konkrete Maßnahmen zu fordern[75].

Landesverfassungsrechtliche Programmsätze beeinflussen allenfalls Entscheidungen, die unmittelbare Rechtswirkung haben können. Eine echte Kollision sowohl mit Normen des Grundgesetzes als auch mit dem einfachen Bundesrecht ist daher schon begrifflich weitgehend ausgeschlossen. Im übrigen gestattete die bundesrechtskonforme Auslegung[76] regelmäßig den vagen Inhalt eines Programmsatzes so zu bestimmen, daß er bundesrechtlichen Wertentscheidungen nicht zuwiderliefe. Ein inhaltlicher Widerspruch kann sich daher nur dann ergeben, wenn eine landesverfassungsrechtliche Vorschrift eine zu den Grundannahmen des Grundgesetzes oder des sonstigen Bundesrechts diametrale programmatische Aussage macht. Keinesfalls ist eine vollkommene Übereinstimmung bei solchen Grundpositionen zu verlangen. Was ihren Abweichungsspielraum vom Bundesrecht anbetrifft, so stehen Programmsätze den Staatsfundamentalnormen also am nächsten[77]. Gleichwohl unterscheiden sich beide Normtypen grundlegend, was ihre „Regelungsintensität" angeht. Insoweit verbietet sich daher ein Vergleich.

---

[75] Häufig wird in diesem Zusammenhang auch von Staatszielbestimmungen gesprochen; vgl. z. B. *Stern*, Staatsrecht, Bd. I, S. 100; *Feuchte*, JöR, N.F. Bd. 27, S. 219 für Art. 86 LV B-W, bei dessen Änderung „zugunsten" der Umwelt man sich 1976 zu Recht mit einer Staatszielbestimmung, einem Programmsatz, unter Verzicht auf ein Umweltgrundrecht begnügt hat.

[76] Vgl. oben I.

[77] So ähnlich *Ballerstedt*, in: Bettermann / Nipperdey / Scheuner, S. 63 m. w. N., für das Verhältnis von grundgesetzlicher Wirtschaftsverfassung zu landesverfassungsrechtlicher Wirtschaftsordnung. In dieser Allgemeinheit kann dem jedoch nicht gefolgt werden.

III. Kollisionsspektrum der Verfassungsnormtypen 47

Bei der Beurteilung einer Landesverfassungsbestimmung ist stets darauf zu achten, daß unmittelbare Verpflichtungen von Landesorganen nicht um jeden Preis auf Programmsatzniveau reduziert werden, damit ihnen die Wirksamkeit erhalten bleibt. Kollidieren sie mit Bundesrecht, dann sind sie nichtig.

aa) Verpflichtende Programmsätze

Verpflichtende Programmsätze in der Landesverfassung sind grundsätzlich nur dann wirksam, wenn sie vom Adressaten noch in irgendeiner Weise angestrebt oder verwirklicht werden können, ohne daß er grundgesetzlichen oder sonstigen bundesrechtlichen Wertentscheiden diametral zuwiderhandeln müßte.

Auch hier besteht die entsprechende Ausnahme wie bei den konkreten verpflichtenden Verfassungsaufträgen für programmatische verpflichtende Gesetzgebungsaufträge, wonach es nicht darauf ankommt, ob der Bundesgesetzgeber den betreffenden Bereich vollkommen ausgeschöpft hat und welchen Inhalt das einfache Bundesrecht hat.

bb) Auffordernde und ermächtigende Programmsätze

Bei auffordernden und ermächtigenden Programmsätzen kommt es — ebenso wie bei auffordernden und ermächtigenden konkreten Verfassungsaufträgen — auf die Zuständigkeit der Adressaten der Norm in keinem Fall an. Sie sind also nur bei Bundesrecht völlig zuwiderlaufender Tendenz ihres materiellen Inhalts unwirksam. Der Inhalt des einfachen Bundesrechts hat bei Programmsätzen an die Adresse des Gesetzgebers ebenfalls keine Bedeutung.

c) *Zusammenfassung*

aa) *Konkrete Verfassungsaufträge* sind hinsichtlich ihres materiellen Inhalts in der Regel immer schon dann nichtig, wenn sie vom Adressaten nicht ohne Verstoß gegen materielles Bundesrecht ausgeführt werden können.

bb) *Programmsätze* sind wegen ihres vagen Inhalts nur dann unwirksam, wenn sie bundesrechtlichen Wertentscheidungen in materiellrechtlicher Hinsicht diametral zuwiderlaufen.

cc) Innerhalb jeder dieser beiden Arten von Verfassungsaufträgen i. w. S. ist zu differenzieren, soweit es um die formell-rechtliche Frage der *Zuständigkeit des Adressaten* geht. Verpflichtende Verfassungsaufträge sind *grundsätzlich* nur wirksam, wenn der jeweilige Adressat zur Ausführung des Auftrags noch zuständig ist. Demgegenüber kommt es bei auffordernden (Soll-Vorschriften) oder ermächtigenden (Kann-Vorschriften) Verfassungsaufträgen auf die Zuständigkeit des Adressaten nie an.

Eine Besonderheit gilt für Gesetzgebungsaufträge. Sie bleiben in jedem Falle auch dann wirksam, wenn der Bundesgesetzgeber zulässigerweise von der betreffenden Zuständigkeit Gebrauch gemacht hat. Insoweit kommt es auch auf den Inhalt des *einfachen* Bundesrechts nicht an. Gesetzgebungsaufträge müssen allerdings das materielle Bundes*verfassungs*recht (z. B. Grundrechte) stets beachten.

D. Spezielle Probleme

I. Landesverfassungsrecht und Art. 124 und 125 GG

1. Gesetzestext

Art. 124 GG bestimmt:

„Recht, das Gegenstände der ausschließlichen Gesetzgebung des Bundes betrifft, wird innerhalb seines Geltungsbereiches Bundesrecht."

Art. 125 GG:

„Recht, das Gegenstände der konkurrierenden Gesetzgebung des Bundes betrifft, wird innerhalb seines Geltungsbereiches Bundesrecht,

1. soweit es innerhalb einer oder mehrerer Besatzungszonen einheitlich gilt,
2. soweit es sich um Recht handelt, durch das nach dem 8. Mai 1945 früheres Reichsrecht abgeändert worden ist."

2. Problem

Gerade im Bereich der Wirtschafts- und Sozialordnung der (vorgrundgesetzlichen) Landesverfassungen, die inhaltlich die Vorschriften der Weimarer Reichsverfassung weitgehend — aber auch einfaches Reichsrecht — übernahmen, muß daran gedacht werden, daß gemäß Art. 124 i. V. m. Art. 73 GG und gemäß Art. 125 Nr. 2 i. V. m. Art. 74 (insbesondere Nr. 11 und 12) GG diese reichsrechtlichen Vorschriften, wozu auch die Weimarer Reichsverfassung gehört, als (einfaches) Bundesrecht nach Inkrafttreten des Grundgesetzes fortgegolten haben. Sie könnten dann später, nachdem der Bundesgesetzgeber im wirtschaftlichen und sozialen Bereich von seiner Gesetzgebungsbefugnis Gebrauch gemacht hat, zumindest überwiegend außer Kraft getreten sein (lex posterior derogat legi priori)[1]. Die Frage ist daher zu beantworten, haben sich die Art. 124 und 125 GG und die lex-posterior-Regel auf den Bestand der inhaltlich Bundesrecht nicht widersprechenden Bestimmungen der Landesverfassungen ausgewirkt.

---

[1] Es geht also nicht um die Frage, ob landesverfassungsrechtliche Bestimmungen wegen inhaltlichen Widerspruchs zu Bundesrecht nach Art. 31 GG außer Kraft getreten sind, sondern ob diese Bestimmungen, die u. U. wörtlich vom Bundesgesetzgeber in neuere Gesetze übernommen wurden, nach der lex-posterior-Regel nicht mehr fortgelten.

3. Zur Rechtsprechung des Bundesverfassungsgerichts

Auf den ersten Blick scheint eine Entscheidung des Bundesverfassungsgerichts[2] dafür zu sprechen, daß Bestimmungen in Landesverfassungen, die Reichsrecht übernahmen, das mit Inkrafttreten des Grundgesetzes Bundesrecht wurde, aus den Landesverfassungen „entwichen" sind. Zu Art. 174 Abs. 1 Satz 4 LV Bay („Der Lohnausfall an gesetzlichen Feiertagen ist zu vergüten.")[3], führte das Bundesverfassungsgericht zunächst aus, daß es diese Bestimmung als unmittelbar geltendes Recht ansehe, und fuhr fort:

„dann ist sie aber, ... nach Art. 125 Ziff. 2 GG Bundesrecht geworden, da sie die früheren reichsrechtlichen Vorschriften über die Lohnzahlung an Feiertagen für Bayern geändert hat[4]."

Richtig ist, wie aus diesem Satz folgt, daß es für die Anwendbarkeit des Art. 125 Nr. 2 GG keinen Unterschied macht, ob früheres Reichsrecht durch den Landesverfassungs(gesetz)geber oder nur durch den (einfachen) Landesgesetzgeber geändert wurde. Dem Sinn des Art. 125 Nr. 2 GG, künftiger Rechtszersplitterung zu wehren, kann nur diese Auslegung gerecht werden. Das Entsprechende gilt für Landesverfassungsrecht im Verhältnis zu Art. 124 und 125 Nr. 1 GG. Damit ist indessen noch nichts über die Gültigkeit der in der Landesverfassung weiterverankerten Bestimmung gesagt. Das Bundesverfassungsgericht hat auch nur entschieden, daß eine das Reichsrecht abändernde Landesverfassungsvorschrift Bundesrecht „geworden" ist, ohne zu sagen, was mit der im Landesverfassungsrecht fixierten Bestimmungen geschehen ist.

4. Lösung

Drei Möglichkeiten bezüglich des Schicksals der landesverfassungsrechtlichen Norm sind denkbar:

— Die Landesverfassungsbestimmung ist inhaltlich und „körperlich" in das Bundesrecht hinübergewandert — sie hat also gewissermaßen ganzheitlich eine Metamorphose durchgemacht — mit der Folge, daß sie eigentlich aus dem Text der Landesverfassung gestrichen werden müßte, da sie dort nicht mehr existiert.

— Die Landesverfassungsbestimmung wurde nur inhaltlich ins Bundesrecht „transformiert", es hat sich neben dem Landesverfassungsrecht somit inhaltsgleiches Bundesrecht gebildet, und die Bestimmung der Landesverfassung ist dadurch oder durch die spätere

---

[2] BVerfGE 2, 232.
[3] Vgl. auch Art. 57 Abs. 3 LV R-P.
[4] BVerfGE 2, 232, 236.

Änderung des zu Bundesrecht gewordenen Reichsrechts unwirksam geworden.

— Die Landesverfassungsbestimmung wurde zwar inhaltlich Bundesrecht, gleichwohl besteht sie wirksam als inhaltsgleiches Landesverfassungsrecht weiter.

a) Nach der hier vertretenen Auffassung zum Verhältnis von Landesverfassungsrecht und Bundesrecht scheidet die zweite Möglichkeit zwangsläufig aus, da mit Bundesrecht inhaltsgleiches Landesverfassungsrecht wirksam bleibt[5]. Wenn sich inhaltlich mit Landesverfassungsrecht gleiches Bundesrecht aufgrund Art. 125 Nr. 2 GG gebildet hat und die landesverfassungsrechtliche Norm an sich („körperlich") in der Landesverfassung geblieben ist, dann ist nicht einzusehen, warum die Landesverfassungsbestimmung nicht, wie auch in den anderen aufgezeigten Fällen, mit ihrem bisherigen Inhalt wirksam bleiben soll.

b) Die erste Möglichkeit, die nur im Ergebnis mit der zweiten übereinstimmt, läßt sich jedoch nicht mit diesem Argument ausräumen, weil ihr konstruktiver Weg ein anderer ist. Danach wäre die Landesverfassungsbestimmung in toto ins Bundesrecht abgewandert und hätte in der Landesverfassung eine Lücke gelassen, die nicht aus Kollisionsgesichtspunkten entstanden, sondern aus logischen Gründen vorhanden wäre, denn eine abgewanderte und anderswo gültige Norm kann nicht infolge der Abwanderung nichtig werden.

Welcher konstruktive Weg von den verbleibenden Wegen der richtige ist, wird vom Grundgesetz nicht ersichtlich gemacht. Das Bundesverfassungsgericht hat das Problem ebenfalls nicht entschieden. Manche eher beiläufige Äußerungen der Literatur[6] scheinen die erste Möglichkeit zu favorisieren, regelmäßig jedoch unter Bezugnahme auf die betreffende Entscheidung des Bundesverfassungsgerichts.

c) Die Lösung des Problems läßt sich, da eine klare Entscheidung des Grundgesetzes fehlt, nur aus dem grundsätzlichen Verhältnis des Landesverfassungsrechts zum Bundesrecht, aus dem Verhältnis des Landes zum Bund allgemein, gewinnen.

Wenn es richtig ist, wie oben[7] festgestellt wurde, daß Landesverfassungsrecht, wenn es mit Bundesrecht inhaltlich übereinstimmt, wirksam bleibt, weil dies „im Bundesstaat der Respekt vor einer Landesverfassung"[8] gebietet, dann muß auch über Art. 124 und 125 GG inhalt-

---

[5] Vgl. oben B. III. 1. c.
[6] Vgl. z. B. *Meder*, LV Bay, Art. 174, Rdn. 2: „Abs. 1 Satz 4 (von Art. 174 LV Bay) war zunächst unmittelbar geltendes Recht, und zwar seit Inkrafttreten des GG partielles Bundesrecht."
[7] B. III. 1. c.
[8] BVerfGE 36, 342, 366.

lich Bundesrecht gewordenes Landesverfassungsrecht wirksam bleiben. Hierfür spricht auch ein praktischer Gesichtspunkt. Der Landesverfassungsgeber könnte nämlich eine im Sinne der ersten Möglichkeit abgewanderte Norm inhaltlich sofort wieder in die Landesverfassung aufnehmen. Dieser Umweg kann gespart werden.

Mit der somit richtigen, dritten Möglichkeit wird auch die ratio legis des Art. 125 Nr. 2 GG, einer Rechtszersplitterung Einhalt zu gebieten, nicht gefährdet. Ändert nämlich der Bundesgesetzgeber das über die Art. 124 und 125 GG Bundesrecht gewordene, ehemalige Landesverfassungsrecht *inhaltlich* ab und steht es danach mit dem Landesverfassungsrecht nicht mehr im Einklang, dann erlischt die landesverfassungsrechtliche Norm entsprechend der allgemeinen Regel, Bundesrecht bricht Landesrecht.

d) Das bisher Ausgeführte gilt selbstverständlich nicht für das — hier nicht interessierende — Verhältnis des *einfachen* Landesrechts, das über Art. 124 und 125 GG Bundesrecht geworden ist. Regelmäßig werden die Länder nach dem „Rechtsübergang" keine Zuständigkeit für die übergegangene Regelung mehr besitzen, so daß schon aus diesem Grund eine parallele Fortgeltung ausgeschlossen ist[9].

5. Zusammenfassung

Auch wenn über Art. 124 und 125 GG Landesverfassungsrecht inhaltlich Bundesrecht geworden ist, bleiben die betreffenden landesverfassungsrechtlichen Bestimmungen als nichtkollidierendes Recht in Kraft. Es braucht also nicht für jeden einzelnen Artikel einer Landesverfassung untersucht zu werden, ob er die Voraussetzungen des Art. 124 oder 125 GG erfüllt.

II. Landesverfassungsrecht und Art. 25 GG

Art. 25 erklärt die allgemeinen Regeln des Völkerrechts zum Bestandteil des Bundesrechts, die den Gesetzen vorgehen[10].

Art. 25 GG ist eine besondere Kollisionsregelung für „allgemeine Regeln des Völkerrechts". Um ihre Auslegung wird nachhaltig gestritten[11], u. a. besteht Uneinigkeit über den Rang der allgemeinen völkerrechtlichen Regeln im Bereich des Bundesrechts. Überwiegend wird ihnen eine Stellung zwischen Verfassungsrecht und einfachem Gesetzesrecht

---
[9] Insofern dürfte Art. 31 GG wieder unmittelbar zum Zuge kommen (vgl. *Maunz*, in: M/D/H/S, GG, Art. 31, Rdn. 21).
[10] Nach BVerfGE 1, 208, 223, sind die in Art. 25 GG normierten Verfassungsgrundsätze ungeschriebene Bestandteile der Landesverfassungen.
[11] Vgl. *Stern*, Staatsrecht, Bd. I, § 14; *Rojahn*, in: v. Münch, GG, Art. 25 jeweils m. w. N.

II. Landesverfassungsrecht und Art. 25 GG

konzediert. Nicht geklärt ist damit, welches die Rechtsfolge des Art. 25 GG ist, wenn einfaches Gesetzesrecht inhaltlich mit allgemeinen Regeln des Völkerrechts kollidiert.

Für das im Rahmen dieser Untersuchung allein interessierende Verhältnis von allgemeinen völkerrechtlichen Regeln zum Landesverfassungsrecht spielen diese Fragen in der Regel jedoch keine Rolle. Da allgemeine Regeln des Völkerrechts „Bestandteil des Bundesrechts" (Art. 25 Satz 1 GG) sind, folgen sie im Verhältnis zum Landesrecht einschließlich des Landesverfassungsrechts der Regel des Art. 31 GG und sonstiger spezialgesetzlicher Kollisionsregeln im Verhältnis des Bundesrechts zum Landesverfassungsrecht[12].

Lediglich bei Gesetzgebungsaufträgen der Landesverfassung kommt es auf die Rangstufe einer Bundesrechtsnorm an. Wie dargelegt[13], müssen Gesetzgebungsaufträge nur das materielle Bundesverfassungsrecht, nicht aber das einfache Bundesrecht beachten. Für den Bereich allgemeiner völkerrechtlicher Regeln gilt insoweit, daß Gesetzgebungsaufträge der Landesverfassungen nach Art. 25 i. V. m. Art. 31 GG auch dann nichtig sind, wenn die landesverfassungsrechtlichen Regelungen dem Völkerrecht widersprechen. Dies folgt aus dem Vorrang allgemeiner völkerrechtlicher Regeln vor Gesetzen (Art. 25 Satz 2 Halbs. 1 GG). Auch hier kommt dem für die Nichtigkeit landesverfassungsrechtlicher Vorschriften, die mit materiellem Bundesverfassungsrecht nicht im Einklang stehen, angeführten Argument entscheidende Bedeutung zu, wonach das Grundgesetz die Einhaltung dieser Normen (des materiellen Verfassungsrechts und der völkerrechtlichen Regeln nach Art. 25 GG) unabhängig davon verlangt, welcher Kompetenzträger zur Regelung einer bestimmten Materie zuständig ist.

Die Völkerrechtsklauseln einiger Landesverfassungen (Art. 84 LV Bay; Art. 122 LV Bre; Art. 67 LV Hes; Art. 63 LV SL) unterliegen ihrerseits unmittelbar der Geltung des Art. 31 GG. Sie bleiben nur bei Bestand, soweit sie mit Art. 25 GG im Regelungsgehalt inhaltsgleich sind[14].

---

[12] Soweit z. B. Grundrechte zum Bestandteil allgemeiner völkerrechtlicher Regeln gehören (z. B. allg. anerkannte Menschenrechte; die Frage wird insgesamt sehr kontrovers diskutiert; vgl. *Rojahn*, in: v. Münch, GG, Art. 25, Rdn. 23 m. w. N.) folgen sie der Regelung des Art. 142 GG.

[13] Vgl. oben C. III. 2. a.

[14] Ebenso *Rojahn*, in: v. Münch, GG, Art. 25, Rdn. 41; *Maunz*, in: M/D/H/S, GG, Art. 25, Rdn. 25, *Menzel*, BK, Art. 25, Anm. II 6; *Rudolf*, Völkerrecht und deutsches Recht, S. 263. Folgt man der Ansicht des BVerfG (E 1, 208, 223), wonach die Grundsätze des Art. 25 GG ungeschriebene Bestandteile der Landesverfassungen sind, ist dieses Ergebnis ohnehin zwingend. — Die Bedenken von *Rojahn* gegen Art. 84 LV Bay, der (nur) „allgemein anerkannte Regeln" als Bestandteil des einheimischen Rechts ansehen will, bestehen allerdings zu Unrecht. Zumindest im Wege der bundesrechtskonformen Auslegung (vgl. oben C. I.) wird man Art. 84 LV Bay seiner Geltungskraft nicht berauben müssen.

E. Zusammenfassung des ersten Teils

I. Zu Art. 31 GG

1. Art. 31 GG ist eine Grundsatznorm, die alle Kollisionsregeln im Verhältnis Bundesrecht zum Landesrecht umgreift.

2. Bevor Art. 31 GG unmittelbar anwendbar ist und unmittelbar Rechtsfolgen erzeugt, ist zu untersuchen, ob nicht spezielle Kollisionsregeln bestehen.

3. Art. 31 GG setzt eine Kollisionslage voraus. Eine Kollision zweier Normen ist dann anzunehmen, wenn — die Kollisions(vermeidungs-)norm hinweggedacht — beide Normen auf *einen* Sachverhalt (= gleicher Regelungsgehalt + gleicher Adressat) anwendbar sind und bei ihrer Anwendung zu verschiedenen Ergebnissen führen.

4. Mit Bundesrecht inhaltsgleiches Landesverfassungsrecht ist grundsätzlich wirksam. Dies folgt schon daraus, daß eine Kollisionslage fehlt. Aber auch das allgemeine Verhältnis bundes- und gliedstaatlicher Rechtsordnungen spricht für die Richtigkeit dieser Auffassung.

Eine Ausnahme besteht insofern, als die Länder nicht das gesamte Bundesrecht oder einen sehr großen Teil des Bundesrechts mit der Qualität von Landesverfassungsrecht ausstatten dürfen. Die Funktion einer Verfassung, wesentliche Grundentscheidungen zu treffen, und der Grundsatz bundesfreundlichen Verhaltens ziehen insofern Grenzen. Das überkommene Verfassungsrecht ist unter diesem Gesichtspunkt unbedenklich. Bei Verfassungsänderungen sind Maßstäbe für eine unzulässige Schaffung neuen mit Bundesrecht inhaltsgleichen Landesverfassungsrechts Intention und Quantität der Änderungen.

5. Kommt Art. 31 GG unmittelbar zur Anwendung, bewirkt er prinzipiell die Nichtigkeit der mit Bundesrecht kollidierenden Norm des Landesverfassungsrechts. Der Grundsatz der Klarheit und Bestimmtheit von Normen, wozu auch die Normen(geltungs-)klarheit gehört, und der Grundsatz der Beständigkeit und Kontinuität der Rechtsordnungen in Bund und Ländern lassen es nicht zu, Art. 31 GG lediglich die Wirkung zuzusprechen, das Landesverfassungsrecht sei im konkreten Kollisionsfall nicht anwendbar (Anwendungsdilation).

II. Zum Kollisionsspektrum der verschiedenen Verfassungsnormtypen

1. Gerät die Auslegung einer landesverfassungsrechtlichen Bestimmung in Widerspruch zu einer bundesrechtlichen Norm, so kommt Art. 31 GG unmittelbar nicht zur Anwendung, wenn eine Auslegung des Landesrechts möglich ist, die diese Kollision vermeidet (bundesrechtskonforme Auslegung).

2. Um das Kollisionsspektrum der verschiedenen Verfassungsnormtypen abstrakt aufzuzeigen, was die Überprüfung von konkreten Kollisionen zwischen bundesrechtlichen und landesverfassungsrechtlichen Bestimmungen erleichtern soll, empfiehlt sich folgende Einteilung verfassungsrechtlicher Normen:

Verfassungsrechtliche Bestimmungen lassen sich abstrakt in zwei große Kategorien einstufen, in das unmittelbar geltende Verfassungsrecht und die Verfassungsaufträge in weitem Sinne.

Zu der Kategorie des unmittelbar geltenden Verfassungsrechts gehören die Staatsfundamentalnormen, die Grundrechte und das sog. einfache Verfassungsrecht.

Die Verfassungsaufträge in weitem Sinne gliedern sich in konkrete Verfassungsaufträge und Programmsätze. Beide Gruppen lassen sich danach untergliedern, ob sie den „Beauftragten" (Adressaten) zu einem Verhalten verpflichten, auffordern oder ermächtigen. Schließlich ist innerhalb jeder dieser Gruppen von Verfassungsaufträgen zu unterscheiden, ob sie sich an den Gesetzgeber oder an einen sonstigen Adressaten wenden.

3. Unter *unmittelbar geltendem Verfassungsrecht* sind solche Normen zu verstehen, die, ohne daß es weiterer Umsetzungsakte bedürfte, aus sich selbst heraus die konkreten Rechtswirkungen entfalten, die sie letztlich bezwecken.

a) *Staatsfundamentalnormen* — sie betreffen die Organisation des Staates und seiner Organe — dürfen bis zur Grenze, die das Homogenitätsgebot des Art. 28 Abs. 1 GG zieht, bezüglich desselben Regelungsgegenstandes vom Bundesrecht abweichen. Gehen sie darüber hinaus, sind sie nichtig.

b) Die Landesverfassungen dürfen neben inhaltsgleichen auch weiterreichende *Grundrechts*verbürgungen als das Grundgesetz enthalten, soweit sich aus dem Grundgesetz nicht ergibt, daß dies ausgeschlossen sein soll und soweit zulässigerweise ergangenes einfaches Bundesrecht nicht entgegensteht. Hinter dem Grundgesetz zurückbleibende Grundrechtsverbürgungen der Landesverfassungen sind nichtig.

c) *Sog. einfaches Verfassungsrecht* — es handelt sich um unmittelbar geltendes Recht mit Ausnahme der Staatsfundamentalnormen und der Grundrechte — kann grundsätzlich nur dann Bestand haben, wenn bundesrechtliche Regelungen nicht oder als inhaltsgleiches Recht bestehen oder wenn das Bundesrecht ausnahmsweise abweichende Regelungen zuläßt.

Bei neugeschaffenem, mit Bundesrecht inhaltsgleichem sog. einfachem Landesverfassungsrecht ist zu prüfen, ob Intention oder Quantität des neuen Landesverfassungsrechts nicht den Grundsatz bundesfreundlichen Verhaltens verletzen. Diesem Gesichtspunkt kommt bei inhaltsgleichen Grundrechten regelmäßig keine Bedeutung zu.

4. *Verfassungsaufträge in weitem Sinne* sind Normen der Verfassung, die einen bestimmten Adressaten zu irgendeinem Verhalten veranlassen wollen. Es ist zu differenzieren zwischen denen programmatischer Natur (Programmsätze) und solchen, die zu konkreten Maßnahmen (konkrete Verfassungsaufträge) veranlassen wollen. Weiterhin sind Verfassungsaufträge nach ihrer Verpflichtungsintensität in verpflichtende Verfassungsaufträge einerseits und auffordernde oder ermächtigende Verfassungsaufträge andererseits zu unterscheiden. Wenden sich Verfassungsaufträge i. w. S., also sowohl konkrete Verfassungsaufträge als auch Programmsätze, an den Gesetzgeber (Gesetzgebungsaufträge), dann nehmen sie eine gewisse Sonderstellung ein.

a) Ein *konkreter Verfassungsauftrag* liegt immer dann vor, wenn bestimmte Regelungen oder Maßnahmen schon anhand des Verfassungstextes festgestellt werden können oder aber daß ein bestimmter, klar abgrenzbarer Zuständigkeitsbereich benannt wird, den es zu regeln gilt. Hinsichtlich ihres materiellen Inhalts sind sie in der Regel immer schon dann nichtig, wenn sie vom Adressaten nicht ohne Verstoß gegen materielles Bundesrecht ausgeführt werden können.

b) *Programmsätze* dagegen sind inhaltlich so vage gefaßt, daß konkrete Rechtsfolgen daraus nicht entnommen werden können. Sie sind nur dann unwirksam, wenn sie bundesrechtlichen Wertentscheidungen in materiell-rechtlicher Hinsicht diametral zuwiderlaufen.

c) Eine weitere Differenzierung ist innerhalb jeder dieser beiden Arten von Verfassungsaufträgen i. w. S. erforderlich, soweit es um die formell-rechtliche Frage der *Zuständigkeit des Adressaten* geht, einen Verfassungsauftrag auszuführen. Verpflichtet ein Verfassungsauftrag i. w. S. einen Adressaten, läßt ihm also keinen Freiraum, ob er einen Verfassungsauftrag ausführen will, dann ist er grundsätzlich nur wirksam, wenn der Adressat zur Ausführung des Auftrags noch zuständig ist. Demgegenüber kommt es bei auffordernden (Soll-Vorschriften) oder ermächtigenden (Kann-Vorschriften) Verfassungsaufträgen auf die Zuständigkeit des Adressaten nie an. Die Wirksamkeit der landesverfassungsrechtlichen Norm hängt somit nur von ihrem materiellen Inhalt ab.

Eine Besonderheit innerhalb dieser Zuständigkeitsproblematik bilden die Verfassungsaufträge im Bereich der Gesetzgebung. *Gesetzgebungsaufträge* bleiben in jedem Fall auch dann wirksam, wenn der Bundesgesetzgeber zulässigerweise von der betreffenden Zuständigkeit Gebrauch gemacht hat. Insoweit kommt es auch auf den Inhalt des einfachen Bundesrechts nicht an. Es handelt sich gewissermaßen um Gesetzgebungsaufträge auf Vorrat für den Fall, daß die Länder in diesem Bereich ihre Zuständigkeit wieder gewinnen oder nach Art. 71 GG dazu ermächtigt werden. Gesetzgebungsaufträge müssen allerdings das materielle Bundesverfassungsrecht (z. B. Grundrechte) stets beachten.

III. Zu speziellen Problemen

1. Auch wenn über Art. 124 und 125 GG Landesverfassungsrecht inhaltlich Bundesrecht geworden ist, bleiben die betreffenden landesverfassungsrechtlichen Bestimmungen als nicht kollidierendes Recht in Kraft. Es braucht also nicht für jeden einzelnen Artikel einer Landesverfassung untersucht zu werden, ob er die Voraussetzungen der Art. 124 oder 125 GG erfüllt.

2. Allgemeine Regeln des Völkerrechts sind „Bestandteil des Bundesrechts" (Art. 25 Satz 1 GG). Sie folgen im Verhältnis zum Landesrecht einschließlich des Landesverfassungsrechts der Regel des Art. 31 GG und sonstiger spezialgesetzlicher Kollisionsregeln im Verhältnis des Bundesrechts zum Landesrecht.

Wegen des Vorrangs allgemeiner Regeln des Völkerrechts vor Gesetzen (Art. 25 Satz 2 Halbs. 1 GG) sind Gesetzgebungsaufträge der Landesverfassungen gemäß Art. 25 i. V. m. Art. 31 GG nichtig, wenn sie allgemeinen Regeln des Völkerrechts widersprechen.

Zweiter Teil

F. Beispiele zur Prüfung der Vereinbarkeit von Landesverfassungsrecht mit Bundesrecht

I. Allgemeines

1. Die Tauglichkeit der oben dargestellten Typisierung von Verfassungsnormen für die Prüfung der Vereinbarkeit von Landesverfassungsrecht mit Bundesrecht soll im folgenden an einigen Beispielen belegt werden. Dabei werden vornehmlich Vorschriften der Verfassung für Rheinland-Pfalz — auf vergleichbare, thematisch entsprechende Vorschriften[1] anderer Landesverfassungen[2] wird hingewiesen — geprüft, die zum Bereich der Wirtschafts- und Sozialordnung gehören. Bestimmungen dieses Bereichs sind zum Test besonders geeignet[3], weil das Grundgesetz selbst nur wenige Bestimmungen — jedenfalls explizite — über die Wirtschafts- und Sozialordnung enthält[4] und der Bund von seinen Gesetzgebungszuständigkeiten in diesem Bereich ausgiebig Gebrauch gemacht hat.

2. Die Prüfung der Vereinbarkeit einzelner Bestimmungen der Landesverfassung mit Bundesrecht setzt zunächst die Auslegung der landesverfassungsrechtlichen Normen voraus. Dabei ist sowohl der Inhalt als auch der jeweilige Normcharakter zu bestimmen. Sodann kann die Vereinbarkeit des inhaltlich festgelegten Landesverfassungsrechts mit

---

[1] Insb. die Verfassungen der Länder Hessen und Bayern weisen eine Reihe von Parallelen zu der Verfassung für R-P auf.

[2] Dazu gehören auch die Bestimmungen der LV Bln. Denn Art. 31 GG gilt nach zutreffender Integrationstheorie unmittelbar im Land Berlin, jedenfalls — nach der Nichtzugehörigkeitstheorie Berlins zur Bundesrepublik Deutschland — aber kraft Rezeption des GG durch Art. 87 Abs. 3 Satz 1 LV Bln. Nicht anwendbar ist Art. 31 GG jedoch, soweit der „govern-Vorbehalt", d. h. der Bund darf in Berlin keine Hoheitsbefugnisse wahrnehmen, Geltung beansprucht. Vgl. insgesamt dazu *Pfennig / Neumann*, LV Bln, Art. 1, Rdn. 41 bis 44; *Lerche*, BVerfG und GG, S. 715 ff.

[3] Dies gilt, obwohl diese Bestimmungen in der Verfassungswirklichkeit fast überhaupt keine Rolle in der Nachkriegsentwicklung gespielt haben. Vgl. z. B. für das Saarland bei *Krause*, JöR, N.F. Bd. 29, S. 421 und für Rheinland-Pfalz unten VI. 3.

[4] Zur Wirtschaftsverfassung des GG vgl. neulich *Hablitzel*, BayVBl. 1981, S. 65 ff. und S. 100 ff. m. w. N.; s. auch *Liesegang*, Verfassungsrechtliche Ordnung der Wirtschaft, 1977; *Scholz*, Entflechtung und Verfassung, S. 83 ff.

II. Beispiele bundesrechtskonformer Auslegung

Bundesrecht untersucht werden. Dies erfordert zunächst eine — im Rahmen dieser Untersuchung notgedrungen knappe — Darstellung der Rechtslage auf Bundesebene bevor die Vereinbarungsfrage beantwortet werden kann. Auf diese Weise werden im folgenden Beispiele für die bundesrechtskonforme Auslegung, die unmittelbar geltenden Verfassungsnormen (Staatsfundamentalnormen, Grundrechte, sog. einfaches Verfassungsrecht) sowie die Verfassungsaufträge und die Programmsätze gegeben.

II. Beispiele bundesrechtskonformer Auslegung

1. a) Art. 5 Abs. 2 Satz 1 LV R-P[5] bestimmt:

„Jeder Festgenommene ist binnen 24 Stunden dem Richter vorzuführen."

b) Diese Regelung ist günstiger als die in Art. 104 Abs. 2 Satz 3 GG vorgesehene, wonach die Polizei „aus eigener Machtvollkommenheit niemanden länger als bis zum Ende des Tages nach dem Eingreifen in eigenem Gewahrsam halten" darf, also u. U. bis nahezu 48 Stunden. Wie aus Art. 31, 142 GG folgt, bestehen insoweit keine Bedenken gegen die Wirksamkeit dieses den Bürgern günstigeren Grundrechts der Landesverfassung[6].

Gleichwohl wird vertreten, Art. 5 Abs. 2 LV R-P sei nichtig[7], da im Gegensatz zu Art. 104 Abs. 2 Satz 2 GG die Landesverfassung nicht verlange, *unverzüglich* eine richterliche Entscheidung herbeizuführen. Diese Auslegung erscheint schon nach dem Wortlaut des Art. 5 Abs. 2 Satz 1 LV R-P zweifelhaft, der verlangt, der Festgenommene sei „*binnen* 24 Stunden dem Richter vorzuführen", was doch nur als maximale Zeitspanne verstanden werden kann, d. h., wenn die Umstände es zulassen, ist früher — binnen der Zeitspanne — vorzuführen. Folgt man dieser Auslegung nicht, dann gebietet es die bundesrechtskonforme Auslegung[8], Art. 5 Abs. 2 Satz 1 LV R-P im entsprechenden Sinn wie Art. 104 Abs. 2 Satz 2 GG zu verstehen, und nicht etwa ist derjenigen

---

[5] Vergleichbare Vorschriften anderer Länder: Art. 102 Abs. 2 Satz 1 LV Bay („spätestens am Tag nach der Festnahme"); Art. 9 Abs. 3 LV Bln („binnen 48 Stunden"); Art. 5 Abs. 4 Satz 1 LV Bre („unverzüglich, spätestens am nächsten Tage"); Art. 19 Abs. 2 Satz 1 LV Hes („binnen 24 Stunden"); Art. 13 Abs. 2 Satz 1 LV SL („spätestens am Tage nach der Festnahme"); Art. 4 LV N-W und Art. 2 Abs. 2 LV B-W inkorporieren Art. 104 Abs. 2 GG.

[6] Vgl. oben C. III. 1. b.

[7] Vgl. *De Clerck / Schmidt*, PVG R-P, §§ 6—8, Anm. V 1. Diese Auffassung teilte offenbar auch der Landesgesetzgeber von R-P noch im PVG i. d. F. v. 29. 6. 1973 (GVBl. S. 180), der in § 7 Satz 2 PVG R-P bestimmte: „Die Entlassung hat bis zum Ablauf des folgenden Tages zu erfolgen, ..." Für den inhaltlich entsprechenden Art. 19 Abs. 2 Satz 1 LV Hes ebenso *Zinn / Stein*, LV Hes, Bd. 1, Art. 19, Anm. 3.

[8] Vgl. oben C. I.

Auslegung der Vorzug zu geben, die die Nichtigkeit der Bestimmung der Landesverfassung zur Folge hätte[9].

2. a) Art. 60 Abs. 4 Satz 1 LV R-P[10] bestimmt:

„Enteignung darf nur gegen angemessene Entschädigung erfolgen."

b) Im Unterschied dazu macht das Grundgesetz (Art. 14 Abs. 3 Satz 2 GG) die „rechtmäßige"[11] Enteignung noch von einer gesetzlichen Regelung der Entschädigung abhängig. Da das Fehlen eines solchen Junktims in der Landesverfassung die Rechte des Bürgers verkürzte, was nach dem Willen des Grundgesetzes ausgeschlossen sein soll, wäre Art. 60 Abs. 4 LV R-P unwirksam, wenn eine gesetzliche Regelung nicht für erforderlich gehalten werden könnte. Es bestehen indessen keine Bedenken, Art. 60 Abs. 4 LV R-P bundesrechtskonform so auszulegen, daß der in Art. 60 Abs. 3 Satz 1 LV R-P enthaltene Gesetzesvorbehalt („Einschränkung und Entziehung des Eigentums sind nur auf gesetzlicher Grundlage zulässig, wenn es das Gemeinwohl verlangt.") sich auch auf die Entschädigungsregelung bezieht[12]. Mit dieser Auslegung stimmt Art. 60 Abs. 4 Satz 1 LV R-P mit dem Grundgesetz überein und ist wirksam[13].

III. Beispiel zu Staatsfundamentalnormen

1. Art. 72 Satz 2 LV R-P[14] gibt der Hauptwirtschaftskammer, ein zu gleichen Teilen aus Arbeitgeber- und Arbeitnehmervertretern der verschiedenen Berufskammern sowie aus drei Wirtschaftssachverständigen

---

[9] Von der Wirksamkeit des Art. 5 Abs. 2 Satz 1 LV R-P gehen aus: *Süsterhenn / Schäfer*, LV R-P, Art. 5, Anm. 4 a; OVG Rheinland-Pfalz, AS 2, 35; *v. Olshausen*, Landesverfassungsbeschwerde, S. 108, Fn. 10. Der rheinlandpfälzische Landtag hat sich im 3. Landesgesetz zur Änderung des PVG von R-P vom 24. 6. 1981 (GVBl. S. 124) dieser Meinung offenbar angeschlossen (vgl. Art. 1 § 17 Nr. 3).

[10] Vergleichbare Vorschriften anderer Länder: Art. 159 Satz 1 LV Bay; Art. 13 Abs. 2 LV Bre; Art. 45 Abs. 2 LV Hes; Art. 5 Abs. 2 LV SL.

[11] Nach der Terminologie des GG ist Enteignung nur der rechtmäßige Entzug oder die rechtmäßige Beschränkung von Eigentum (Art. 14 Abs. 3 GG).

[12] So ähnlich VerfGH R-P, NJW 1961, S. 1963 ff.; *Süsterhenn / Schäfer*, LV R-P, Art. 60, Anm. 6 D; *Armbruster*, Gutachten, S. 20; *Weber*, in: Neumann / Nipperdey / Scheuner, S. 336; vgl. auch *Dennewitz*, DÖV 1949, S. 343.

[13] Art. 159 Satz 1 LV Bay, der ebenfalls einer Junktimklausel entbehrt, wird von *Meder*, LV Bay, Art. 159, Rdn. 10, für wirksam erachtet, der sich der — hier abgelehnten — Ansicht des BayVerfGH (13, 133, 144; 29, 105, 129) anschließt, die schwächere landesrechtliche Garantie gelte neben der schwächeren des GG fort. — *Zinn / Stein*, LV Hes, Art. 45, Anm. 1, interpretieren ebenfalls die Junktimklausel — wie hier — in Art. 45 Abs. 2 LV Hes hinein und halten ihn für wirksam.

[14] Vergleichbare Vorschriften existieren in anderen Landesverfassungen nicht.

III. Beispiel zu Staatsfundamentalnormen

zusammengesetzes „Zentralorgan der Wirtschaft" (vgl. Art. 71 Abs. 1 und 2 LV R-P), das Recht, „dem Landtag Gesetzesvorlagen unterbreiten zu können"[15].

2. Aus dem Zusammenhang mit Art. 72 Satz 1 LV R-P („Die Hauptwirtschaftskammer soll Gesetzentwürfe wirtschafts- und sozialpolitischen Inhalts begutachten.") folgt, daß sich das Initiativrecht nur auf solche Gesetzesvorlagen erstreckt, die wirtschafts- und sozialpolitischen Inhalts sind[16].

Die weitere Qualifizierung dieses Initiativrechts ist zweifelhaft. *Süsterhenn / Schäfer* sind der Auffassung, Art. 72 Satz 2 LV R-P gebe der Wirtschaftskammer kein Gesetzesinitiativrecht im eigentlichen Sinne, sondern es handele sich vielmehr nur um eine Gesetzesanregung, wie sich aus dem Verhältnis des Art. 72 LV R-P zu Art. 108 LV R-P ergebe, wonach Gesetzesvorlagen nur „im Wege des Volksbegehrens, durch die Landesregierung oder aus der Mitte des Landtags eingebracht werden" können. Demgemäß hatte auch das frühere Landesgesetz über die Hauptwirtschaftskammer[17] bestimmt, daß die Kammer dem Landtag nur über die Landesregierung Gesetzesvorlagen unterbreiten kann und diese die Vorlage mit ihrer Stellungnahme dem Landtag zuzuleiten hat[18]. Ob diese Auslegung des Art. 72 LV R-P, was den „Vorlageweg" anbelangt, zutreffend ist, mag letztlich dahinstehen. Jedenfalls trifft es nicht zu, das „Unterbreitungsrecht" der Kammer als bloßes Anregungsrecht zu verstehen. Unzweifelhaft muß der Gesetzesvorschlag dem Landtag vorgelegt werden, und dieser muß auch in irgendeiner Form sich damit befassen. Materiell handelt es sich daher zumindest um ein Institut eigener Art, das dem Gesetzesinitiativrecht nach Art. 108 LV R-P angenähert ist[19] und nicht nur um eine Anregung, die im übrigen jede Organisation und jeder Bürger abgeben darf, ohne daß sich daraus eine Befassungspflicht des Parlaments ergibt.

---

[15] Vgl. allerdings Art. 143 Abs. 2 LV R-P, der bestimmt: „Die Artikel 71, 72 und 73 dieser Verfassung sind bis zum Ende des Jahres außer Kraft, in dem das Gesetz zur vorläufigen Regelung des Rechts der Industrie- und Handelskammern vom 18. Dezember 1956 (BGBl. I S. 920) durch eine abschließende Regelung ersetzt wird." Diese Bestimmung ist durch Landesgesetz vom 8. 2. 1962 (GVBl. S. 29) in die Verfassung aufgenommen worden. Die folgenden Ausführungen sind gleichwohl nicht nur theoretischer Natur. Verstößt Art. 72 Satz 1 LV R-P gegen das GG, dann ist er — unabhängig von Art. 143 Abs. 2 LV R-P, der lediglich eine aufschiebend bedingte Außerkraftsetzung bewirkt — nichtig.
[16] *Süsterhenn / Schäfer*, LV R-P, Art. 72, Anm. 2 c.
[17] Landesgesetz vom 21. 4. 1949 (GVBl. S. 141).
[18] Vgl. § 3 Abs. 2 des Landesgesetzes vom 21. 4. 1949.
[19] Vgl. auch *Anschütz*, WRV, Art. 69, Anm. 2.

Der Rechtsnatur nach handelt es sich bei dem Gesetzesinitiativrecht eigener Art um eine Staatsfundamentalnorm. Das Demokratieprinzip ist unmittelbar berührt.

3. a) Die Frage nach der Wirksamkeit von Art. 72 Satz 2 LV R-P hängt sonach vom Demokratiebegriff in Art. 28 Abs. 1 Satz 2 GG in Verbindung mit Art. 20 Abs. 1 und 2 GG ab. Dieser ist nämlich grundsätzlich konkret anhand der jeweiligen Verfassung und nicht etwa abstrakt zu ermitteln[20]. Die damit zusammenhängenden Probleme sollen im Rahmen dieser Untersuchung nicht vertieft werden. Hingewiesen sei nur auf folgendes:

Art. 20 Abs. 2 Satz 1 GG beantwortet die Frage nach dem Träger bzw. Inhaber der Staatsgewalt: „Alle Staatsgewalt geht vom Volke aus." Dieses legitimiert über die Wahlen die zur Ausübung der Staatsgewalt berufenen Repräsentanten. Entsprechende „Verfahrensordnungen" müssen sicherstellen, daß der gebildete Wille, schließlich die Entscheidung stets auf den Träger der Staatsgewalt zurückgeführt werden können. Schon in den „Verfahrensordnungen", z. B. im Gesetzgebungsverfahren, muß sichergestellt sein, daß staatliche Entscheidungsträger nicht *in hohem Maße* rechtlich oder tatsächlich an nicht demokratisch legitimierte Gremien gebunden werden[21]. Weiter von Bedeutung ist die Gleichheit des demokratischen Prinzips[22]. „Die Demokratie des Grundgesetzes ist grundsätzlich eine privilegienfeindliche Demokratie[23]."

b) Zieht man diese Grundsätze heran, ergeben sich Zweifel an der Wirksamkeit des Art. 72 Satz 2 LV R-P. Der Hauptwirtschaftskammer käme bei der Herrschaftsausübung faktisch ein großes Gewicht zu. Gerade die Befugnis, eine Entscheidung des Parlaments erzwingen zu können, kann als Hebel genutzt werden, bestimmte Regelungen durchzusetzen, die einem momentan-politischen Opportunitätsdenken entspringen und daher von den politisch Verantwortlichen, die unter Umständen infolge eines nahen Wahltermins in ihrer Entscheidungsfreiheit zusätzlich faktischen Einengungen unterliegen, kaum verhindert werden, obwohl sie selbst eine solche Vorlage nie initiiert hätten[24]. Diese Bedenken können nicht dadurch zerstreut werden, daß die Prinzipien der „berufsständischen" Selbstverwaltung und Autonomie auch im

---
[20] Vgl. *Stern*, Staatsrecht, Bd. I, S. 477 ff.
[21] Vgl. auch *Ossenbühl*, DÖV 1981, S. 1 ff., insb. S. 2 f.
[22] Vgl. *Stern*, Staatsrecht, Bd. I, S. 459 ff.
[23] So BVerfGE 40, 296, 317, für den Bereich der Wahlen. Für die Herrschaftsausübung muß das Entsprechende gelten.
[24] Damit wird den Volksvertretern selbstverständlich nicht die nötige menschliche Reife und Unabhängigkeit abgesprochen. Allerdings kann zur Stärkung dieser Tugenden auf eine Absicherung in den „Verfahrensordnungen" wohl kaum verzichtet werden.

demokratischen Prinzip wurzeln[25] und die Mitglieder der Hauptwirtschaftskammer ganz überwiegend aus solchen Körperschaften kommen. Denn die berufsständischen Kammern besitzen keine Legitimation für das Volk als ganzes, sondern nur insoweit, als sie durch die Gruppe ihrer jeweiligen Mitglieder legitimiert sind.

Art. 72 Satz 2 LV R-P kann daher allenfalls mit der Erwägung gestützt werden, daß „Wirtschaftskammern" in der deutschen Verfassungsentwicklung und der sozialgeschichtlichen Entwicklung ein besonderer Rang zugewiesen wurde, der es rechtfertigt, ihnen eine *beschränkte* Teilhabe an der Herrschaftsausübung in Form eines Gesetzesinitiativrechts eigener Art zu konzedieren, wobei der Gesetzgeber gehalten wäre, das Initiativrecht sachlich auf wirtschaftliche und sozialpolitische Vorlagen in einem engen Sinne[26] zu beschränken, um dem Egalitätsgebot bei der Machtausübung zu genügen.

IV. Beispiele zu Grundrechten

1. Zunächst kann auf die oben als Beispiele bundesrechtskonformer Auslegung dargestellten Art. 5 LV[27] R-P und Art. 60 LV R-P[28] hingewiesen werden, die — nach entsprechender Auslegung — inhaltsgleich mit Art. 104 Abs. 2 GG und Art. 14 Abs. 3 GG sind.

2. a) Ein weiteres Beispiel bildet Art. 58 LV R-P[29]:

„Jeder ist berechtigt, in Übereinstimmung mit den Erfordernissen des Gemeinwohls seinen Beruf frei zu wählen und ihn nach Maßgabe des Gesetzes in unbehinderter Freizügigkeit auszuüben."

b) Obwohl das Grundrecht[30] des Art. 58 LV R-P das Recht *jedem* gewährleistet, ist in Übereinstimmung mit Art. 15 Abs. 1 LV R-P[31] davon

---

[25] Vgl. BVerfGE 33, 125, 159.
[26] Es kommen nur Bereiche in Betracht, die unmittelbar und nachhaltig Einfluß auf die Wirtschaft und die Sozialstruktur haben, die die zur Mitwirkung Berufenen besonders berühren (vgl. auch BVerfGE 33, 125, 129, für die berufständischen Organisationen).
[27] Vgl. oben III. 1.
[28] Vgl. oben III. 2.
[29] Vergleichbare Bestimmungen anderer Landesverfassungen bestehen nicht, von den die Grundrechte des GG inkorporierenden Landesverfassungen abgesehen.
[30] Zur Grundrechtsqualität vgl. *Süsterhenn / Schäfer*, LV R-P, Art. 58, Anm. 2; *Armbruster*, Gutachten, S. 13; *Klaas*, LV R-P, S. 64; für Art. 109 Abs. 1 LV Bay, der Art. 15 Abs. 1 LV R-P (dazu sogleich) ähnlich ist, ebenso *Meder*, LV Bay, Art. 109, Rdn. 1.
[31] Art. 15 Abs. 1 LV R-P: „Alle Deutschen genießen Freizügigkeit. Sie haben das Recht, sich an jedem Orte aufzuhalten und niederzulassen, Grundstücke zu erwerben und jeden Erwerbszweig zu betreiben. Einschränkungen bedürfen des Gesetzes."

64   F. Beispiele: Vereinbarkeit von Landesverfassungs- und Bundesrecht

auszugehen, daß damit nur die Deutschen gemeint sind. Hierfür spricht, daß Art. 15 LV R-P ausdrücklich zwischen Deutschen und Nichtdeutschen unterscheidet[32]. Art. 58 LV R-P beruht insoweit ersichtlich auf einem Redaktionsversehen.

Interessant ist, daß Art. 58 LV R-P zwischen der Berufswahl und der Berufsausübung differenziert. Während die Berufswahl Einschränkungen nur aus Erfordernissen des Gemeinwohls unterliegt, kann die Berufsausübung „nach Maßgabe des Gesetzes" beschränkt werden; sie unterliegt offenbar einer weiterreichenden Einschränkung.

c) Damit entspricht Art. 58 LV R-P schon dem Wortlaut nach in hohem Maße der vom Schrifttum weitgehend gebilligten Rechtsprechung des Bundesverfassungsgerichts zu Art. 12 Abs. 1 GG. Entgegen dem Wortlaut des Art. 12 Abs. 1 GG erstreckt sich danach die Regelungsbefugnis des Gesetzgebers in Art. 12 Abs. 1 Satz 2 GG sowohl auf die Berufsausübung als auch auf die Berufswahl, wobei unterschiedliche Anforderungen an die Einschränkbarkeit des Freiheitsrechts gestellt werden, je nachdem ob es sich um eine Berufswahlregelung als objektive Zulassungsvoraussetzung, eine Berufswahlregelung als subjektive Zulassungsvoraussetzung oder eine Berufsausübungsregelung handelt (sog. Dreistufentheorie)[33].

Insgesamt steht Art. 58 LV R-P in vollkommener Konkordanz mit Art. 12 Abs. 1 GG, soweit es um die Freiheit der Berufswahl und der Berufsausübung geht, und ist daher wirksam[34].

Unschädlich ist, daß Art. 58 LV R-P — im Gegensatz zu Art. 12 GG — nicht die Freiheit der Wahl der Ausbildungsstätte garantiert. Bei der Prüfung, ob ein „Landesgrundrecht" mit einem „Bundesgrundrecht" kollidiert, ist stets auf das konkret verbürgte Recht und nicht darauf abzustellen, wo und in welcher Art das Grundgesetz und die betreffende Landesverfassung es geregelt haben. Für den vorliegenden Fall bedeutet dies, ein Widerspruch der Landesverfassung mit dem Grundgesetz könnte nur dann vorliegen, wenn Art. 58 LV R-P die Freiheit der Wahl der Ausbildungsstätte, die eine selbständige Freiheit neben der Berufsfreiheit ist, konkludent oder ausdrücklich ausschließen wollte. Davon kann nicht die Rede sein. Wenn Art. 31 LV R-P bestimmt, jedem

---

[32] Art. 15 Abs. 2 LV R-P: „Nichtdeutsche genießen bei verbürgter Gegenseitigkeit die gleichen Rechte."

[33] Nachweise zur Rspr. des BVerfGs bei *Leibholz / Rinck*, GG, Art. 12, Anm. 8 bis 10 und im Nachschlagewerk des BVerfGs zu Art. 12 GG; vgl. auch *Schmidt-Bleibtreu / Klein*, GG, Art. 12, Rdn. 12.

[34] Ebenso *Armbruster*, Gutachten, S. 19 f.; *Mayer*, Gutachten, S. 24; *Mayer / Ule*, Staats- und Verwaltungsrecht, S. 81. Diese Autoren gehen aber zu Unrecht davon aus, Art. 58 LV R-P habe keine Bedeutung mehr. Zumindest die Zuständigkeit des VerfGHs R-P ist gewonnen.

IV. Beispiele zu Grundrechten

jungen Menschen solle zu einer seiner Begabung entsprechenden Ausbildung verholfen werden, setzt er in Verbindung mit dem allgemeinen Freiheitsrecht in Art. 2 Abs. 1 LV R-P offenbar die Freiheit der Wahl der Ausbildungsstätte voraus.

3. a) Als Beispiel eines im Grundgesetz nicht vorgesehenen, also weiterführenden Landesgrundrechts diene Art. 57 Abs. 1 LV R-P[35]:

„Der 8-Stunden-Tag ist die gesetzliche Regel. Sonntage und gesetzliche Feiertage sind arbeitsfrei. Ausnahmen sind zuzulassen, wenn es das Gemeinwohl erfordert."

b) Art. 57 Abs. 1 Satz 1 R-P erklärt den 8-Stunden-Tag zur gesetzlichen Regel, d. h. Ausnahmen sollen zulässig sein. Ob diese nur in Fällen, in denen es das Gemeinwohl fordert, gemacht werden dürfen, hängt von dem Verhältnis des Satzes 3 zu den Sätzen 1 und 2 in Art. 57 Abs. 1 LV R-P ab.

Richtig verstanden, kann sich Satz 3 nur auf Satz 2 beziehen, der generell — also ohne eine Ausnahme zuzulassen — und damit anders als Satz 1 die Sonntage und gesetzlichen Feiertage für arbeitsfrei erklärt. Davon muß es Ausnahmen geben. Diese sind in Satz 3 geregelt. Satz 1 läßt also Ausnahmen von der gesetzlichen Regel des 8-Stunden-Tages auch dann zu, wenn diese den Gemeinwohlanforderungen des Satzes 3 nicht entsprechen. Diese Auffassung wird weiter dadurch gestützt, daß der Landesverfassungsgeber offensichtlich bei Art. 57 Abs. 1 Satz 1 LV R-P die Arbeitszeitordnung von 1938[36] im Auge hatte[37]; schon damals waren viele Ausnahmen von der gesetzlichen Regel vorhanden, die nicht stets durch das Gemeinwohl geboten waren. Hätte der Verfassungsgeber dies ändern wollen, dann wäre es sicherlich deutlicher zum Ausdruck gebracht worden.

Art. 57 Abs. 1 Satz 2 LV R-P überschneidet sich teilweise mit Art. 47 LV R-P, der den Sonntag und die staatlich anerkannten Feiertage als Tage der religiösen Erbauung, seelischen Erhebung und Arbeitsruhe schützt. Wie aus der Stellung des Art. 47 LV R-P im Abschnitt „Kirchen und Religionsgemeinschaften" zu ersehen ist, liegt der Schwerpunkt des Art. 47 LV R-P offenbar im religiösen Bereich[38].

Art. 57 Abs. 1 LV R-P ist unmittelbar geltendes Recht[39], ein „Grundrecht der Arbeit"[40]. Er gibt jedem Arbeitenden ein subjektives Recht

---

[35] Vergleichbare Vorschriften anderer Landesverfassungen: Art. 179 f. LV Bay; Art. 22 Abs. 1 LV Bln; Art. 55 Abs. 2 bis 4 LV Bre; Art. 31, 53 LV Hes; Art. 25 Abs. 1 LV N-W; Art. 41, 48 Abs. 1 Satz 1 LV SL.
[36] Reichsgesetz vom 30. 4. 1938 (RGBl. I S. 447).
[37] Vgl. *Süsterhenn / Schäfer*, LV R-P, Art. 57, Anm. 2 a.
[38] *Süsterhenn / Schäfer*, ebd., Anm. 2 b.
[39] Ebenso *Armbruster*, Gutachten, S. 13.

auf einen im gesetzlichen Grundsatz achtstündigen Arbeitstag und auf arbeitsfreie Sonn- und Feiertage. Wenn auch die Auffassung vertretbar erschiene, es handele sich „lediglich" um sog. einfaches Verfassungsrecht[41], dürften die besseren Gründe für den Grundrechtscharakter sprechen angesichts der zentralen Bedeutung der Arbeitszeit für die Möglichkeit der freien Entfaltung der Persönlichkeit[42].

Die Landesverfassung garantiert gleichzeitig die Einrichtung des 8-Stunden-Tages und die Arbeitsfreiheit von Sonn- und Feiertagen. Es handelt sich insoweit auch um eine Einrichtungsgarantie[43].

c) § 3 der Arbeitszeitordnung vom 30. 4. 1938, der mittlerweile Bundesrecht geworden ist (Art. 125, 74 Nr. 12 GG)[44], bestimmt:

„Die regelmäßige werktägliche Arbeitszeit darf die Dauer von acht Stunden nicht überschreiten."

Entsprechende Bestimmungen finden sich in dem von § 3 Abs. 3 der Arbeitszeitordnung erwähnten besonderen Arbeitszeitrecht.

Art. 140 GG macht Art. 139 WRV zum Bestandteil des Grundgesetzes. Art. 139 WRV lautet:

„Der Sonntag und die staatlich anerkannten Feiertage bleiben als Tage der Arbeitsruhe und der seelischen Erhebung gesetzlich geschützt."

Eine Reihe von Ausnahmen vom Sonntags- und Feiertagsarbeitsverbot werden bundesrechtlich zugelassen, wie in den §§ 105 ff. GewO.

Art. 57 Abs. 1 LV R-P ist insgesamt mit Bundesrecht inhaltsgleich und somit wirksam[45]. Ebenso wie Art. 57 Abs. 1 LV R-P bestimmt die

---

[40] *Herschel*, in: Bettermann / Nipperdey / Scheuner, S. 355.

[41] Dies spielt für die Wirksamkeit vorliegend keine Rolle (vgl. oben C. III. 1. b bb).

[42] Selbstverständlich ist das Arbeiten auch Bestandteil des Rechts auf freie Entfaltung der Persönlichkeit (vgl. auch *Wank*, Recht auf Arbeit, 1980). Das Verhältnis von Arbeit und Freizeit ist eben das Entscheidende. Ein Zuviel von einem Element könnte schädlich sein (dosis sola facit venenum).

[43] Inhaltlich entsprechende Vorschriften anderer Landesverfassungen erfahren regelmäßig eine ähnliche Beurteilung, über deren unmittelbare Geltung besteht weitgehend Einigkeit. Art. 31 LV Hes soll (nur) eine institutionelle Garantie sein (*Zinn / Stein*, LV Hes, Bd. I, Art. 31, Anm. 1; *Stein*, GG und LV Hes, S. 124). Art. 25 Abs. 1 LV N-W hat ebenfalls unmittelbare Rechtswirkung (*Geller / Kleinrahm*, LV N-W, 2. Aufl., Art. 25, Anm. 3 a). Für Art. 147 LV Bay, der die Sonn- und Feiertage als Tage der Arbeitsruhe schützt, wird die Begründung eines subjektiven Rechts verneint (*Meder*, LV Bay, Art. 147, Rdn. 1).

[44] BVerfGE 1, 281, 293; vgl. auch *Denecke / Neumann*, AZO, Einführung, Rdn. 6 ff.; zur Verfassungsmäßigkeit der AZO vgl. *Meisel / Hiersemann*, AZO, Einleitung, Rdn. 8 m. w. N.

[45] a. A. *Mayer*, Gutachten, S. 18; *Armbruster*, Gutachten, S. 17, mit dem unzutreffenden Argument, Art. 57 Abs. 1 LV R-P sei durch Bundesrecht überlagert.

Arbeitszeitordnung die tägliche Arbeitszeit „nur" regelmäßig auf acht Stunden[46]. Auch der Schutz der Sonn- und Feiertage durch die Landesverfassung steht mit dem Grundgesetz und dem übrigen Bundesrecht in Übereinstimmung. Insbesondere will die rheinland-pfälzische Landesverfassung die religiöse Tendenz nicht verdrängen, wie aus Art. 57 LV R-P zu ersehen ist.

Sowohl die Landesverfassung als auch das Bundesrecht lassen Ausnahmen von der Arbeitsfreiheit der Sonn- und Feiertage zu. Sollte die Landesverfassung einige Ausnahmen des Bundesrechts (§§ 105 e bis i GewO) inhaltlich („Gemeinwohl") nicht abdecken, ließe dies die Wirksamkeit des Art. 57 Abs. 1 LV R-P unberührt, da § 105 h Abs. 1 GewO weitergehende landesrechtliche Beschränkungen zuläßt. Aber auch ohne § 105 h Abs. 1 GewO könnte Art. 57 Abs. 1 Satz 2 und 3 LV R-P, bundesrechtskonform ausgelegt, seine Gültigkeit bewahren[47].

V. Beispiele zu sog. einfachem Landesverfassungsrecht

1. Art. 57 Abs. 2 bis 4 LV R-P bestimmt:

„Der 1. Mai ist ein gesetzlicher Feiertag für alle arbeitenden Menschen[48].
Das Arbeitsentgelt für die in die Arbeitszeit fallenden gesetzlichen Feiertage ist zu zahlen[49].
Jeder Arbeitnehmer hat Anspruch auf einen bezahlten Urlaub von mindestens 12 Arbeitstagen[50]."

2. a) Art. 57 Abs. 2 LV R-P bestimmt zum einzigen *verfassungsrechtlich* abgesicherten Feiertag den 1. Mai. Die Rechtsnatur als sog. einfaches Landesverfassungsrecht dürfte nicht zu bezweifeln sein[51].

---

[46] Auswirkungen aus Art. 125 Nr. 2 GG ergeben sich für die Landesverfassung nicht (vgl. oben D. I. 4.).

[47] Die entsprechenden Vorschriften anderer Landesverfassungen werden auch für wirksam gehalten (*Zinn / Stein*, LV Hes, Bd. I, Art. 31, Anm. 1; *Stein*, GG und LV Hes, S. 124, für Art. 31 LV Hes; wohl auch *Geller / Kleinrahm*, LV N-W, 2. Aufl., Art. 25, Anm. 3 a, für Art. 25 LV N-W). Den Gesetzgebungsauftrag in Art. 173 LV Bay hält *Meder*, LV Bay, Art. 173, Rdn. 1, für durch Bundesrecht überholt. Dies beeinträchtigt nach hier vertretener Auffassung seine Wirksamkeit nicht (vgl. oben C. III. 2. a aa).

[48] Vergleichbare Vorschriften anderer Landesverfassungen: Art. 3 Abs. 2 LV B-W; Art. 174 Abs. 2 LV Bay; Art. 22 Abs. 2 LV Bln; Art. 55 Abs. 1 LV Bre; Art. 32 LV Hes; Art. 25 Abs. 2 LV N-W.

[49] Vergleichbare Vorschriften anderer Landesverfassungen: Art. 174 Abs. 1 Satz 4 LV Bay; Art. 55 Abs. 5 LV Bre; Art. 33 Satz 3 LV Hes; Art. 48 Abs. 1 Satz 2 LV SL.

[50] Vergleichbare Vorschriften anderer Landesverfassungen: Art. 174 Abs. 1 LV Bay (keine Tagesanzahl); Art. 56 Abs. 1 LV Bre (12 Tage, bezahlt); Art. 34 LV Hes (12 Tage, bezahlt); Art. 24 Abs. 3 LV N-W (ausreichend bezahlten Urlaub); Art. 48 Abs. 2 LV SL (keine Tagesanzahl).

[51] *Armbruster*, Gutachten, S. 13; *Herschel*, in: Bettermann / Nipperdey / Scheuner, S. 355. — Vorschriften anderer Landesverfassungen erfahren eine

68   F. Beispiele: Vereinbarkeit von Landesverfassungs- und Bundesrecht

b) Ob dem Bund überhaupt in Ausnahmefällen eine Zuständigkeit zur Bestimmung von Feiertagen von nationalem Belang zukommt, kann dahinstehen[52]. Jedenfalls ist die „Feiertagskompetenz" zumindest regelmäßig ausschließlich in der Hand der Länder[53]. Art. 57 Abs. 2 LV R-P kann daher vom Bundesrecht nicht derogiert werden[54], er ist wirksam[55].

3. a) Art. 57 Abs. 3 LV R-P regelt die Lohnfortzahlung für die arbeitsfreien, in die Arbeitszeit fallenden Feiertage. Er verkörpert einen zivilrechtlichen Anspruch[56]. Grundrechtsqualität wird man Art. 57 Abs. 3 LV R-P nicht zubilligen können[57]. Hierfür spricht das den Verfassungsvätern bekannte Vorbild der reichsrechtlichen Anordnung über die Lohnfortzahlung an Feiertagen vom 3. 12. 1937 (RArbBl. I S. 320)[58].

b) § 1 Abs. 1 Satz 1 des Gesetzes zur Regelung der Lohnzahlung an Feiertagen (FeiertLohnzG) vom 2. 8. 1951, geändert durch Gesetz vom 18. 12. 1975[59], bestimmt:

„Für die Arbeitszeit, die infolge eines gesetzlichen Feiertags ausfällt, ist vom Arbeitgeber den Arbeitnehmern der Arbeitsverdienst zu zahlen, den sie ohne den Arbeitsausfall erhalten hätten."

Im übrigen enthält das Bundesgesetz spezielle Regelungen für Phasen der Kurzarbeit (§ 1 Abs. 1 Satz 2 FeiertLohnzG), für Fälle des unent-

---

entsprechende Beurteilung (*Zinn / Stein*, LV Hes, Bd. I, Art. 32, Anm. 1, zu Art. 32 LV Hes; *Geller / Kleinrahm*, LV N-W, 2. Aufl., Art. 25, Anm. 4, zu Art. 25 Abs. 2 LV N-W; *Zacher*, Soziale Problematik der LV Bay, S. 123, zu Art. 174 Abs. 2 LV Bay; wohl auch *Pfennig / Neumann*, LV Bln, Art. 22, Rdn. 3, zu Art. 22 Abs. 2 LV Bln.

[52] Vgl. *Maunz*, in: M/D/H/S, GG, Art. 140, Art. 139 WRV, Rdn. 1; *Pfennig / Neumann*, LV Bln, Art. 22, Rdn. 1. Der Bund soll danach z. B. auch die Kompetenz über Art. 74 Nr. 12 GG haben, den 1. Mai zum Feiertag zu bestimmen. Dies dürfte nicht ganz unbestritten bleiben. Für das Gesetz über den Tag der deutschen Einheit vom 4. 8. 1953 (BGBl. I S. 778) ist der Bund allerdings gesetzgebungskompetent.

[53] Wenngleich die Landesverfassungen nicht den Schranken der Art. 70 ff. GG unterliegen (vgl. oben B. III. 1. c dd), ist eine Vorschrift der Landesverfassung dann unbedenklich, wenn das Land zur Gesetzgebung zuständig ist.

[54] Selbst wenn der Bund den 1. Mai als Feiertag bestimmen kann (vgl. oben Fn. 52), was nicht zur Unwirksamkeit von Art. 52 Abs. 2 LV R-P führen würde, ein Sperrgesetz wird er nicht erlassen dürfen.

[55] Ebenso *Armbruster*, Gutachten, S. 19; *Herschel*, in: Bettermann / Nipperdey / Scheuner, S. 335; a. A. *Mayer*, Gutachten, S. 18 (ohne Begründung). — Die Vorschriften der anderen Landesverfassungen werden offenbar auch für wirksam erachtet (vgl. die Nachweise oben Fn. 51).

[56] *Herschel*, in: Bettermann / Nipperdey / Scheuner, S. 335; wohl auch *Süsterhenn / Schäfer*, LV R-P, Art. 57, Anm. 2 c; *Klaas*, LV R-P, S. 64.

[57] So auch *Zinn / Stein*, LV Hes, Bd. I, Art. 33, Anm. 4; a. A. wohl *Herschel*, in: Bettermann / Nipperdey / Scheuner, S. 335.

[58] Vgl. dazu *Süsterhenn / Schäfer*, LV R-P, Art. 57, Anm. 2 c.

[59] BGBl. I 1951 S. 479, letzte Änderung BGBl. I 1975 S. 3091.

schuldigten Fernbleibens von der Arbeit unmittelbar vor oder nach dem Feiertag (§ 1 Abs. 3 FeiertLohnzG) und für die Heimarbeiter (§ 2 FeiertLohnzG).

Die Grundsatzregelung des Bundesrechts (§ 1 Abs. 1 Satz 1 FeiertLohnzG) stimmt mit § 57 Abs. 3 LV R-P inhaltlich überein. Soweit nach § 1 Abs. 3 FeiertLohnzG der Arbeitnehmer seinen Anspruch auf Bezahlung verliert, wenn er der Arbeit vor oder nach dem Feiertag unentschuldigt fern geblieben ist, handelt es sich um eine Ausnahme von § 1 Abs. 1 FeiertLohnzG, die Art. 57 Abs. 3 LV R-P außer Kraft gesetzt hätte, wenn nach der Landesverfassung eine solche Ausnahme unbedingt ausgeschlossen sein sollte. Das kann jedoch nicht angenommen werden. Zwar ist mit Art. 57 Abs. 3 LV R-P unmittelbar geltendes Recht in der Landesverfassung verankert worden, doch dadurch wurde eine gesetzliche Regelung, die ein verfassungsmäßiges Recht in den von der Verfassung selbst aufgezeigten Schranken begrenzt, nicht ausgeschlossen, solange dem Landesgesetzgeber die Zuständigkeit verblieben ist. Unterstellt man die Kompetenz des Landesgesetzgebers, dann könnte er durchaus entsprechende Einschränkungen des Art. 57 Abs. 3 LV R-P regeln. Bei ganzheitlicher Betrachtung der Verfassung ergäbe sich die Ermächtigung hierzu u. a. auch aus Art. 53 Abs. 3 LV R-P, der die sittliche Pflicht zur Arbeit bestimmt[60].

Art. 57 Abs. 3 LV R-P ist somit inhaltsgleich mit Bundesrecht und daher wirksam[61].

4. a) Auch Art. 57 Abs. 4 LV R-P gewährt lediglich einen zivilrechtlichen Anspruch auf Mindesturlaub[62]; er ist unmittelbar geltendes, sog. einfaches Landesverfassungsrecht[63].

b) § 3 Abs. 1 des Bundesurlaubsgesetzes (BUrlG) vom 8. 1. 1963[64] gewährt jährlich mindestens 18 Werktage Urlaub. In § 15 Abs. 2 BUrlG hat der Bundesgesetzgeber bestimmt:

„Mit dem Inkrafttreten dieses Gesetzes treten die landesrechtlichen Vorschriften über den Erholungsurlaub außer Kraft. In Kraft bleiben jedoch

---

[60] Vgl. dazu unten VII. 2. b.
[61] Wegen ihrer abweichenden Auffassung von inhaltsgleichem Bundes- und Landesrecht halten *Zinn / Stein* (LV Hes, Bd. I, Art. 34, Anm. 4) Art. 33 Satz 3 LV Hes für nichtig.
[62] *Herschel*, in: Bettermann / Nipperdey / Scheuner, S. 351 f.; wohl auch *Süsterhenn / Schäfer*, LV R-P, Art. 57, Anm. 3.
[63] Für Art. 34 LV Hes ebenso *Zinn / Stein*, LV Hes, Bd. I, Art. 34, Anm. 2. — Ob Art. 57 Abs. 4 LV R-P auch ein subjektiv-öffentliches Recht gewährt (ablehnend *Herschel; Zinn / Stein*, Anm. 1 für Art. 34 LV Hes), kann dahinstehen, da weiterführende Grundrechte in Landesverfassungen ohnehin — ebenso wie unmittelbar geltendes sonstiges, sog. einfaches Verfassungsrecht — durch entgegenstehendes Bundesrecht jeder Stufe derogiert werden.
[64] BGBl. I S. 2.

F. Beispiele: Vereinbarkeit von Landesverfassungs- und Bundesrecht

die landesrechtlichen Bestimmungen über den Urlaub für Opfer des Nationalsozialismus und für solche Arbeitnehmer, die geistig oder körperlich in ihrer Erwerbsfähigkeit behindert sind."

Im Hinblick auf § 15 Abs. 2 BUrlG könnte Art. 57 Abs. 4 LV R-P schon deswegen außer Kraft getreten sein, weil es sich um eine landes(verfassungs-)rechtliche Regelung über Erholungsurlaub[65] handelt. Der Respekt vor der Landesverfassung verböte es jedoch dem Bundesgesetzgeber grundsätzlich, jedenfalls gleichlautendes Landesverfassungsrecht außer Kraft zu setzen.

Art. 57 Abs. 4 LV R-P ist indessen unwirksam, weil er einen niedrigeren Mindesturlaub vorsieht als das Bundesrecht. Zwar scheint ein Kollisionsfall auf den ersten Blick nicht vorzuliegen, da das Landesverfassungsrecht natürlich höhere Urlaubsansprüche zuläßt. Jedoch führte eine differierende Mindestregelung im Differenzbereich (12 bis 18 Tage) zu unterschiedlichen Ergebnissen; das zurückbleibende Landesrecht muß daher nichtig sein. Verkörpern beide Normen nämlich zivilrechtliche Ansprüche, dann wäre der Arbeitnehmer schlechter gestellt, stützte er sich auf das Landesverfassungsrecht. Ein Kollisionsfall liegt jedoch schon immer dann vor, wenn Bundesrecht und Landesrecht bei ihrer Anwendung zu unterschiedlichen Ergebnissen führen können.

Art. 57 Abs. 4 LV R-P kann bundesrechtskonform auch nicht auf den dem Landesgesetzgeber verbliebenen Bereich beschränkt werden, nämlich auf die in § 15 Abs. 2 BUrlG vorgesehenen Materien und u. U. auf den Urlaubsanspruch von Landesbeamten[66]. Eine solche Auslegung müßte schon am Wortlaut scheitern („Jeder Arbeitnehmer"), aber auch die Folgen einer solchen Beschränkung dürften vom Willen des Verfassungsgebers nicht mehr gedeckt werden. Es ergäbe sich dann nämlich pointiert ein niedrigerer Mindeststandard für die Beamten — wenn sie überhaupt Art. 57 Abs. 4 LV R-P unterfallen[67] — und die in § 15 Abs. 2 BUrlG vorgesehenen Ausnahmen. Die Folge, daß nunmehr eine verfassungsrechtliche Absicherung überhaupt nicht mehr vorhanden ist,

---

[65] Für Bildungsurlaub ist den Ländern sogar noch eine Gesetzgebungszuständigkeit verblieben. Vgl. z. B. das Hes. Gesetz über den Anspruch auf Bildungsurlaub vom 24. 6. 1974 (GVBl. I S. 300). Dazu *Groß*, JöR, N.F. Bd. 29, S. 387 f.

[66] Ob in Art. 57 Abs. 4 LV R-P unter Arbeitnehmern auch Beamte zu verstehen sind, wie dies in § 1 Abs. 2 a des Landesgesetzes zur Regelung des Urlaubs vom 8. 10. 1948 (GVBl. S. 370) angenommen wird, erscheint zweifelhaft; dies um so mehr, als Art. 59 LV R-P zwischen einem Dienstverhältnis und einem Arbeitsverhältnis deutlich unterscheidet und in Art. 59 LV R-P auch erst während der Verfassungsberatungen — nachdem anfangs nur auf Arbeitnehmer abgestellt wurde — die in einem Dienstverhältnis stehenden Personen miteinbezogen wurden (vgl. *Süsterhenn / Schäfer*, LV R-P, Art. 59, Anm. 1).

[67] Vgl. oben Fn. 66.

VI. Beispiele zu konkreten Verfassungsaufträgen

ist als Ausfluß des Rechtsverhältnisses des Bundes zu den Bundesstaaten in Kauf zu nehmen.

Art. 57 Abs. 4 LV R-P ist also nichtig.

VI. Beispiele zu konkreten Verfassungsaufträgen

1. a) Art. 54 Abs. 1 Satz 1 LV R-P[68] verpflichtet den Gesetzgeber:
„Für alle Arbeitnehmer ist ein einheitliches Arbeitsrecht zu schaffen."

b) Damit ist nicht ein einheitlich gestaltetes, sondern ein in einem einheitlichen Gesetz zu kodifizierendes Recht gemeint[69]. Art. 54 Abs. 1 Satz 1 LV R-P ist ein konkreter verpflichtender Gesetzgebungsauftrag[70].

c) Der Bund hat aufgrund seiner konkurrierenden Zuständigkeit (Art. 74 Nr. 12 GG) das Arbeitsrecht weitgehend, wenn auch nicht abschließend, geregelt[71].

Obwohl der Landesgesetzgeber daher zur Zeit nicht in der Lage ist, die Verpflichtung zu erfüllen, das Arbeitsrecht zu kodifizieren, ist Art. 54 Abs. 1 Satz 1 LV R-P als Gesetzgebungsauftrag im konkurrierenden Bereich weiterhin Bestandteil der Landesverfassung[72].

2. a) Art. 61 Abs. 1 und 2 LV R-P[73] bestimmt:
„Der Staat hat durch Gesetz, unbeschadet der Pflicht zu angemessener Entschädigung, in sinngemäßer Anwendung der für die Enteignung geltenden Bestimmungen privatrechtliche Schlüsselunternehmungen (Kohlen-, Kali- und Erzbergbau, eisenerzeugende Industrie, Energiewirtschaft sowie das an Schienen oder Oberleitungen gebundene Verkehrswesen) in Gemeineigentum zu überführen, wenn mit diesen Unternehmungen eine so große Macht verknüpft ist, daß sie ohne Gefährdung des Gemeinwohls der Privathand nicht überantwortet bleiben kann. Diese Aufgabe ist unverzüglich nach Inkrafttreten der Verfassung in Angriff zu nehmen."

---

[68] Vergleichbare Vorschriften anderer Landesverfassungen: Art. 172 LV Bay; Art. 50 LV Bre; Art. 29 Abs. 1 LV Hes; Art. 47 Satz 1 LV SL. Art. 8 LS S-H, der eine Bodenreform vorsah, wurde bereits durch Änderungsgesetz vom 20. 11. 1950 (GVOBl. S. 289) gestrichen (vgl. dazu *Barschel / Gebel*, LS S-H, Einleitung E. 2.).
[69] Vgl. *Süsterhenn / Schäfer*, LV R-P, Art. 54, Anm. 2.
[70] Die inhaltlich ähnlichen Bestimmungen in Art. 172 LV Bay und Art. 29 Abs. 1 LV Hes werden ebenso ausgelegt (vgl. *Meder*, LV Bay, Art. 172, Rdn. 1; *Zinn / Stein*, LV Hes, Bd. I, Art. 29, Anm. 1).
[71] Vgl. BVerfGE 7, 342, 348, wonach das Arbeitsrecht als selbständiges und eigenständiges Rechtsgebiet nicht vom bürgerlich-rechtlichen Kodifikationsprinzip (Art. 3, 55, 218 EGBGB) erfaßt wird.
[72] Vgl. dazu oben C. III. 2. a aa.
[73] Vergleichbare Vorschriften anderer Landesverfassungen: Art. 160 Abs. 1 und 2 LV Bay; Art. 42 LV Bre; Art. 39, 41 LV Hes; Art. 52 LV SL.

72 F. Beispiele: Vereinbarkeit von Landesverfassungs- und Bundesrecht

Ebenso kann durch Gesetz eine Überführung von monopolartigen Unternehmungen in Gemeineigentum erfolgen, wenn die Nutzung dem Gemeinwohl widerstreitet."

b) Art. 61 LV R-P befaßt sich mit der Sozialisierung. Sie ist nach herrschender Meinung[74] ein eigenständiges Rechtsinstitut und nicht etwa ein Sonder- oder Unterfall der Enteignung[75]. Art. 61 Abs. 1 LV R-P verpflichtet den Staat, bestimmte private Schlüsselunternehmen in Gemeineigentum zu überführen[76]. Voraussetzung ist, daß diese Unternehmen aufgrund ihrer Machtfülle das Gemeinwohl gefährden. Der Verfassungsgeber hat den Staat nicht nur wegen der Muß-Bestimmung (Art. 61 Abs. 1 Satz 1 LV R-P) zur Sozialisierung unbedingt bei Vorliegen der Voraussetzungen verpflichtet, er ging offenbar auch davon aus, daß solche, die Voraussetzung erfüllenden Unternehmen existieren, da er in Art. 61 Abs. 1 Satz 2 LV R-P befahl, diese Aufgabe unverzüglich nach Inkrafttreten der Verfassung in Angriff zu nehmen. Sinn der Vorschrift ist es, den Staat davor zu schützen, „zum Büttel irgendwelcher Wirtschaftsmächte herabgewürdigt zu werden"[77].

Art. 61 Abs. 2 LV R-P eröffnet die Möglichkeit (Kann-Bestimmung!) monopolartige Unternehmen ebenfalls in Gemeineigentum zu überführen. Es muß sich also weder um Schlüsselunternehmen im Sinne des Art. 61 Abs. 1 LV R-P handeln, noch ist es erforderlich, daß ein solches Unternehmen über große wirtschaftliche Macht verfügt, wenngleich auch letzteres bei Monopolbetrieben die Regel sein dürfte. Eine bloße Gefährdung des Gemeinwohls reicht allerdings — im Unterschied zu Art. 61 Abs. 1 LV R-P — nicht aus, es muß schon zu einem Konflikt zwischen Privatnützigkeit und Gemeinwohlinteressen gekommen sein.

Die Sozialisierung bedarf stets eines Gesetzes, welches nach Art. 130 Abs. 2 LV R-P vom Betroffenen zur Überprüfung seiner Voraussetzungen zur Entscheidung des Verfassungsgerichtshofs Rheinland-Pfalz gestellt werden kann.

Jede Sozialisierung darf nur gegen angemessene Entschädigung im Sinne des Art. 60 LV R-P erfolgen. Ob die Entschädigungsregelung im Sozialisierungsgesetz enthalten sein muß (Junktim), ist ebenso zu entscheiden, wie in Art. 60 LV R-P. Nach bundesrechtskonformer Auslegung ist die Frage zu bejahen[78].

---

[74] Vgl. *Schmidt-Bleibtreu / Klein*, GG, Art. 15, Rdn. 1; *Maunz*, in: M/D/H/S, GG, Art. 15, Rdn. 5 m. w. N.; a. A. *Schunck / De Clerck*, Staatsrecht, S. 182; *Giese / Schunck*, GG, Art. 15, Anm. III; *Dicke*, in: v. Münch, GG, Art. 15, Rdn. 27 m. w. N. auch zur h. M.

[75] Sozialisierung ist auch von Entflechtung der Monopole zu unterscheiden, weil letzte grundsätzlich das betroffene Wirtschaftseigentum in privater Hand beläßt (vgl. *Scholz*, Entflechtung und Verfassung, S. 83).

[76] *Beutler*, JöR, N.F. Bd. 26, S. 19.

[77] *Süsterhenn / Schäfer*, LV R-P, Art. 61, Anm. 2.

VI. Beispiele zu konkreten Verfassungsaufträgen

Die Absätze 1 und 2 von Art. 61 LV R-P sind beide zunächst und vor allem konkrete Verfassungsaufträge an die Adresse der Legislative und Exekutive[79]. Absatz 1 ist ein verpflichtender Verfassungsauftrag[80], während Absatz 2 als konkrete Verfassungsermächtigung[81] einzustufen ist.

Ob Art. 61 Abs. 1 und 2 LV R-P eine weitergehende Bedeutung zukommt, ist fraglich. Weitgehend Einigkeit besteht darüber, daß Sozialisierungsbestimmungen in den einzelnen Verfassungen[82], soweit sie auf Sozialisierung abheben, kein Grundrecht verbürgen[83]. Streitig ist jedoch, ob diesen Bestimmungen insoweit Grundrechtscharakter zukommt, als sie eine Sozialisierung ausschließen[84]. Obwohl die Vorschriften unbezweifelbar den einzelnen insoweit schützen, als er bei Nichtvorliegen der Voraussetzungen nicht „sozialisiert werden" und dagegen auch klagen kann[85], so liegt das Schwergewicht der Regelung doch im Eingriff und der Beseitigung eines Freiheitsrechts des einzelnen und nicht darin, ein Grundrecht zu verbürgen[86]. Der Unterschied beider Meinungen ist auch mehr dogmatischer Natur, da auch diejenigen, die die Grundrechtsqualität der Sozialisierungsartikel bestreiten, den Betroffenen den Schutz anderer Bestimmungen, nämlich insbesondere der Freiheitsrechte in Art. 14, 12 und 2 Abs. 1 GG, zugestehen.

c) Die Sozialisierung regelt das Grundgesetz in Art. 15 GG:

„Grund und Boden, Naturschätze und Produktionsmittel können zum Zwecke der Vergesellschaftung durch ein Gesetz, das Art und Ausmaß

---

[78] Vgl. oben II. 2.

[79] Die Sozialisierungsbestimmungen anderer Landesverfassungen sind kaum oder nur partiell vergleichbar, bis auf Art. 41 LV Hes handelt es sich jedoch stets um Verfassungsaufträge bzw. -ermächtigungen (vgl. *Meder*, LV Bay, Art. 160, Rdn. 3 zu Art. 160 Abs. 2 LV Bay; *Geller / Kleinrahm*, LV N-W, 2. Aufl., Art. 27, Anm. 2 zur LV N-W; *Isensee*, DÖV 1978, S. 234; *Seebald*, DÖV 1978, S. 646 zu Art. 52 LV SL).

[80] *Beutler*, JöR, N.F. Bd. 26, S. 19; *Klaas*, LV R-P, S. 64.

[81] Beide Verfassungsaufträge sollen aus Gründen des Sachzusammenhangs gemeinsam behandelt werden. Zu einem konkreten auffordernden Verfassungsauftrag vgl. unten 3.

[82] Dies gilt für das GG und die Landesverfassungen gleichermaßen.

[83] Vgl. *Kimminich*, BK, Art. 15, Rdn. 44 m. w. N.; *Maunz*, in: M/D/H/S, GG, Art. 15, Rdn. 3; *Schmidt-Bleibtreu / Klein*, GG, Art. 15, Rdn. 9; *Hamann / Lenz*, GG, Art. 15, Anm. A 2; *Brinkmann*, Grundrechtskom., Art. 15, Anm. II.

[84] Dafür *Krüger*, in: Bettermann / Nipperdey / Scheuner, S. 322 m. w. N.; *Maunz*, in: M/D/H/S, GG, Art. 15, Rdn. 3; *Hamann / Lenz*, GG, Art. 15, Anm. A 2; *Brinkmann*, Grundrechtskom., Art. 15, Anm. II; dagegen: *Mayer*, Gutachten, S. 22 f.; *Kimminich*, BK, Art. 15, Rdn. 44 m. w. N.; *Isensee*, DÖV 1978, S. 235; *v. Mangoldt / Klein*, GG, Art. 15, Anm. II 3.

[85] Vgl. insb. Art. 130 Abs. 2 LV R-P; aber auch im Rahmen der Verfassungsbeschwerde nach Art. 93 Nr. 4 b GG ist die Überprüfung der Grenzen der Sozialisierung zulässig (vgl. BVerGE 12, 354, 363 f.).

[86] Vgl. dazu *Dicke*, in: v. Münch, GG, Art. 15, Rdn. 4, die Ordnungsfunktion sei stärker als die Freiheitsfunktion betont.

der Entschädigung regelt, in Gemeineigentum oder in andere Formen der Gemeinwirtschaft überführt werden. Für die Entschädigung gilt Art. 14 Abs. 3 Satz 3 und 4 entsprechend."

Inhaltlich bestehen vielerlei Abweichungen des Art. 61 LV R-P vom Bundesrecht; zum Teil läßt die eine und zum Teil die andere Bestimmung weitergehende Sozialisierungsmaßnahmen zu.

Art. 15 GG enthält kein Gebot sozialistischer Wirtschaftsform und Verstaatlichung, sondern lediglich eine Ermächtigung an den Gesetzgeber, die Überführung bestimmter Objekte in Gemeineigentum oder in andere Formen der Gemeinwirtschaft vornehmen zu können[87]. Anders als Art. 61 Abs. 1 LV R-P, der unter gewissen Voraussetzungen einen Verfassungsbefehl zur Sozialisierung enthält[88], kennt Art. 15 GG einen solchen Verfassungsauftrag nicht. Art. 61 Abs. 1 LV R-P geht insoweit also über das nach Art. 15 GG zulässige Maß an Sozialisierung hinaus.

Art. 15 GG erlaubt die Sozialisierung von Grund und Boden, Naturschätzen und Produktionsmitteln. Art. 61 LV R-P hingegen will Kohle-, Kali- und Erzbergbau, eisenerzeugende Industrie, Energiewirtschaft sowie das an Schienen und Oberleitungen gebundene Verkehrswesen (Abs. 1) und monopolartige Unternehmen (Abs. 2) der Sozialisierung zugängig machen. Aufgrund dieser enumerativen Beschränkung ist Art. 61 LV R-P im Bereich der Sozialisierungsobjekte sowohl enger als auch weiter als Art. 15 GG.

Art. 61 LV R-P läßt die Sozialisierung nur bei bestimmten Naturschätzen oder bei monopolartigen Unternehmungen zu, die auch andere Naturschätze betreffen können. Art. 15 GG spricht generell von Naturschätzen; ein Monopol wird auch nicht in jedem Fall gefordert[89]. Art. 15 GG ist insoweit sozialisierungsfreundlicher. Auch die Möglichkeit „Grund und Boden" nach Art. 15 GG schlechthin sozialisieren zu können, ist weitergehend als nach Art. 61 LV R-P. Enger ist Art. 15 GG allerdings bezüglich des „an Schienen oder Oberleitungen gebundenen Verkehrswesen(s)" (Art. 61 Abs. 1 LV R-P). Verkehrsmittel sind keine „Produktionsmittel" im Sinne des Art. 15 GG, der darunter nur die Mittel erfaßt, die zur Erzeugung von Gütern führen[90]. Art. 15 GG ließe auch nicht zu, den Verkehrsbetrieben den „Grund und Boden" im Wege der Sozialisierung zu entziehen[91]. Soweit Art. 61 Abs. 1 LV R-P also die

---

[87] BVerfGE 12, 354, 363 f.
[88] Vgl. Art. 61 Abs. 1 Satz 1 (Muß-Bestimmung) und Satz 2 LV R-P („Aufgabe ... in Angriff nehmen").
[89] Dazu noch unten.
[90] Vgl. *v. Mangoldt / Klein*, GG, Art. 15, Anm. V 3; *Maunz*, in: M/D/H/S, GG, Art. 15, Rdn. 14 m. w. N.
[91] Vgl. *v. Mangoldt / Klein*, GG, Art. 15, Anm. V 1.

VI. Beispiele zu konkreten Verfassungsaufträgen

Sozialisierung von Verkehrsmitteln zuläßt, verstößt er gegen Bundesrecht und ist nichtig[92].

Aber auch Art. 61 Abs. 2 LV R-P ist weiter als Art. 15 GG, da er monopolartige Unternehmungen erfaßt, die nicht mit der wirtschaftlichen Ausnutzung der Naturschätze zusammenhängende und auch sonst nicht produzierende Betriebe im Sinne des Art. 15 GG sind, also z. B. Betriebe des Handels, der Geschäftsvermittlung, des Verkehrs-, Kredit- und Versicherungswesens[93].

Ein weiterer Unterschied scheint auf den ersten Blick darin zu liegen, daß Art. 61 LV R-P nur bei Gefährdung (Abs. 1) oder bei tatsächlicher Beeinträchtigung (Abs. 2) des Gemeinwohls die Sozialisierung fordert bzw. zuläßt, Art. 15 GG hingegen eine solche Schranke nicht ausdrücklich erwähnt. Im verfassungsrechtlichen Schrifttum[94] wird indessen zu einem beachtlichen Teil die Auffassung vertreten, es gäbe immanente Schranken der Sozialisierungsmacht. Sinn des Sozialisierungsartikels könne nicht sein, auch den Kleinbetrieb an Grund und Boden oder an Produktionsmitteln, also auch den kleinbäuerlichen Grundbesitz und die handwerklichen Erzeugungsbetriebe, in Gemeineigentum zu überführen[95]. Es sei vielmehr im Einzelfall zu entscheiden, ob die der Sozialisierungsbefugnis unterworfenen Gegenstände „sozialisierungsreif" seien. Dies sei nur dort der Fall, „wo die Eigentums- und Wirtschaftsordnung bereits einen Grad der Konzentration und Kumulation erreicht hat, der die Überführung in Gemeineigentum oder in andere Formen der Gemeinwirtschaft als im allgemeinen Interesse geboten erscheinen läßt"[96]. Das bedeutet: Obwohl in Art. 15 GG eine Gemeinwohlklausel nicht ausdrücklich enthalten ist, ist eine Sozialisierung, ohne daß sie aus Gemeinwohlaspekten geboten erscheint, nicht zulässig. Ein nennenswerter Unterschied besteht insoweit zwischen Art. 15 GG und Art. 61 LV R-P nicht. Eine Einebnung der Unterschiede hinsichtlich der Sozialisierungsobjekte wird durch die Auslegung des Art. 15 GG allerdings nicht erreicht. Wenn auch Kleinbetriebe ausscheiden, so ist Art. 15 GG dennoch weiter, da ein Monopol jedenfalls nicht erforderlich ist[97].

Bisher ist daher festzuhalten: Die Verfassungsaufträge in Art. 61 Abs. 1 und 2 LV R-P widersprechen Art. 15 GG, also materiellem Bun-

---

[92] Ebenso für die insoweit vergleichbare Regelung in Art. 52 Abs. 1 LV SL *Isensee*, DÖV 1978, S. 235 f.
[93] Vgl. *Maunz*, in: M/D/H/S, GG, Art. 15, Rdn. 15.
[94] *Brinkmann*, Grundrechtskom., Art. 15, Anm. I 1 e m. w. N.; differenzierend *Maunz*, in: M/D/H/S, GG, Art. 15 Rdn. 7.
[95] Vgl. *v. Mangoldt / Klein*, GG, Art. 15, Anm. VI.
[96] *Huber*, Wirtschaftsverwaltungsrecht, Bd. 2, S. 153.
[97] Ebenso wohl *Isensee*, DÖV 1978, S. 236, für Art. 52 LV SL.

desverfassungsrecht[98], vor allem was den Kreis der sozialisierungsfähigen Objekte und die Sozialisierungsintensität anbelangt. Art. 61 Abs. 1 und 2 LV R-P ist daher nichtig[99].

Die Gegenansicht[100] meint, da Art. 15 GG die Sozialisierung erlaube, sei es kein Widerspruch, wenn Art. 61 LV R-P sie für bestimmte Fälle vorschreibe[101]. Außerdem enthielten Art. 61 LV R-P und Art. 15 GG ein Grundrecht auf Freiheit von Vergesellschaftung für die nicht genannten Gegenstände. Da Art. 142 GG weiterführende Grundrechtsverbürgungen zuließe, sei Art. 61 LV R-P als grundrechtlich günstigere Regelung wirksam mit der Folge, daß in Art. 61 LV R-P nicht genannte Objekte in Rheinland-Pfalz, selbst dann nicht sozialisiert werden dürften, wenn Art. 15 GG dies erlaube[102].

Letztlich vermag diese Auffassung nicht zu überzeugen. Nicht zutreffend ist die Behauptung, ein Widerspruch läge nicht vor, wenn Art. 15 GG die Sozialisierung erlaube, Art. 61 LV R-P sie für bestimmte Gegenstände gebiete. Während nach Art. 15 GG der an sich Sozialisierungsbetroffene die reelle Chance hat, von entsprechenden Maßnahmen verschont zu bleiben, besteht diese Möglichkeit nach Art. 61 LV R-P nicht. Daß dies kein inhaltlicher Widerspruch sein soll, ist um so unverständlicher, als die Vertreter dieser Auffassung ebenfalls meinen, die Sozialisierungsbestimmungen verbürgten auch ein Grundrecht auf Freiheit von Sozialisierung der nichtgenannten Bereiche. Wenn dies zutrifft, wofür vieles spricht, dann enthält Art. 15 GG, der die Sozialisierung eben nicht zwingend vorschreibt, eine für den Betroffenen günstigere Grundrechtsverbürgung, so daß Art. 61 Abs. 1 LV R-P schon aus diesem Grunde nichtig wäre. Aber auch wenn man den Grundrechtscharakter der Sozialisierungsbestimmungen verneint, ist das Ergebnis dasselbe. Die Sozialisierungsbetroffenen sind auch dann nicht schutzlos. Ihnen steht der Schutz anderer Grundrechte, insbesondere des Art. 14 GG, zur Seite, der sie vor möglichen Eingriffen der Landesverfassungen bewahrt, die über das durch Art. 15 GG zugelassene Maß hinausgehen[103].

---

[98] Vgl. oben C. III. 2. a.
[99] Ebenso, wenn auch z. T. mit anderer Begründung: *Schmidt-Bleibtreu / Klein*, GG, Art. 15, Rdn. 9; *Kimminich*, BK, Art. 15, Rdn. 44; *Maunz*, in: M/D/ H/S, GG, Art. 15, Rdn. 24; *Mayer*, Gutachten, S. 22; *Huber*, Wirtschaftsverwaltungsrecht, Bd. 2, S. 146; *Beutler*, JöR, N.F. Bd. 26, S. 35; *Isensee*, DÖV 1978, S. 237, für Art. 52 LV SL.
[100] *Krüger*, in: Bettermann / Nipperdey / Scheuner, S. 322, Fn. 232; *Armbruster*, Gutachten, S. 20 f.; wohl auch *v. Mangoldt*, GG, 1. Aufl., Art. 142, Anm. 2; offenbar auch *Schunck / De Clerck*, Staatsrecht, S. 380 ohne Begründung; *Meder*, LV Bay, Art. 160, Rdn. 4, für die abweichende bayerische Sozialisierungsbestimmung.
[101] *Armbruster*, Gutachten, S. 20.
[102] *Krüger*, in: Bettermann / Nipperdey / Scheuner, S. 322; *Armbruster*, Gutachten, S. 20 f.; wohl auch *v. Mangoldt*, GG, 1. Aufl., Art. 142, Anm. 2.
[103] Vgl. *Isensee*, DÖV 1978, S. 237.

VI. Beispiele zu konkreten Verfassungsaufträgen

Aber auch das zweite Argument, Art. 61 LV R-P enthielte eine günstigere Grundrechtsverbürgung hinsichtlich der übrigen Objekte (Art. 61 Abs. 2 LV R-P) und sei daher wirksam (Art. 142 GG), vermag die abweichende Auffassung nicht zu stützen. Wenn man von der These ausgeht, die Sozialisierungsbestimmungen beinhalteten ein Grundrecht auf Freiheit von Sozialisierung, dann ist diese Grundrechtsverbürgung, die weiter als das Grundgesetz führt, noch nicht automatisch wirksam. Es ist nämlich zuvor zu prüfen, ob nach dem Willen des Grundgesetzes oder aufgrund bundesverfassungsrechtlich zulässigerweise ergangenen (einfachen) Bundesrechts sich nicht ergibt, daß weiterführende Grundrechtsgewährleistungen ausgeschlossen sein sollen[104]. Wenn der Bundesgesetzgeber aufgrund der Art. 15, 74 Nr. 15 GG von seiner Sozialisierungskompetenz Gebrauch machen würde, könnte also Landesverfassungsrecht dem nicht entgegenstehen. Im übrigen ist davon auszugehen, daß Art. 15 GG die Frage der Sozialisierungsgegenstände abschließend regeln wollte. Wenn auch die Sozialisierung nicht vorgeschrieben wurde, so sollte der Gesetzgeber bei Vorliegen der Voraussetzungen auch nicht daran gehindert werden, entsprechende Maßnahmen zu treffen. Diese Ermächtigung sollte auch für den Landesgesetzgeber gelten, dem das Grundgesetz prinzipiell die Zuständigkeit im Rahmen des Art. 15 GG zuerkannt hat, wie aus der „nur" konkurrierenden Zuständigkeit des Bundes (Art. 74 Nr. 15 GG) folgt.

Selbst wenn man diese Auffassung aber nicht teilte und Art. 15 GG insoweit nicht als abschließend erachtete, könnte Art. 61 LV R-P keinen Bestand mehr haben. Unzweifelhaft ist nämlich nach dem oben Gesagten Art. 61 Abs. 1 LV R-P, der die Sozialisierungspflicht für bestimmte Objekte statuiert, nichtig. Ob man daneben Art. 61 Abs. 2 LV R-P aufrecht erhalten kann, hängt davon ab, wie der Verfassungsgeber entschieden hätte, wenn er dies gewußt hätte. Das heißt, stehen beide Absätze in einer solchen inhaltlichen Beziehung, daß ohne den einen (nichtigen) der andere (an sich wirksame) sinnentleert oder aller Wahrscheinlichkeit nach nicht in dieser Form ergangen wäre, dann teilt der andere das Schicksal der Nichtigkeit. Davon muß vorliegend ausgegangen werden. Da die in Art. 61 Abs. 1 LV R-P aufgeführten Sozialisierungsobjekte nicht notwendig Monopolbetriebe sind, sie mithin nicht unter Art. 61 Abs. 2 LV R-P fielen, der Verfassungsgeber aber diese gleichwohl und vor allem in Gemeineigentum überführen wollte, kann die „enge" Regelung des Abs. 2 bei Nichtigkeit des Abs. 1 von Art. 61 LV R-P nicht aufrechterhalten werden.

3. Art. 68 LV R-P diene nunmehr als Beispiel eines konkreten auffordernden Verfassungsauftrags, dessen Wirksamkeit und dessen Inhalt

---
[104] Vgl. oben C. III. 1. b cc.

78   F. Beispiele: Vereinbarkeit von Landesverfassungs- und Bundesrecht

(beides hängt untrennbar zusammen) oft Anlaß — auch zu politischen — Kontroversen[105] war und dessen Auslegung daher eine eingehende Darstellung erfahren soll.

a) Art. 68 LV R-P[106] lautet:

„Die anerkannten Vereinigungen von Arbeitnehmern und Arbeitgebern der gewerblichen Wirtschaft sollen auf der Grundlage der Gleichberechtigung zu Wirtschaftsgemeinschaften zusammengeschlossen werden. Die Wirtschaftsgemeinschaften haben die gemeinsamen Angelegenheiten ihres Bereiches zu behandeln. Insbesondere obliegt ihnen die Wahrnehmung der Interessen ihres Wirtschaftszweiges in der Gesamtwirtschaft."

b) Art. 68 Satz 1 LV R-P räumt dem Landesgesetzgeber die Möglichkeit ein, die anerkannten Vereinigungen von Arbeitnehmern und Arbeitgebern der gewerblichen Wirtschaft zu Wirtschaftsgemeinschaften zusammenzuschließen. Der im Entwurf der Landesverfassung ursprünglich vorgesehene Zwang zum Zusammenschluß wurde in der zweiten Lesung beseitigt und die Ist-Vorschrift durch eine Soll-Vorschrift ersetzt. In der endgültigen Abstimmung wurde ein Antrag, zu der Ist-Vorschrift zurückzukehren, abgelehnt[107].

Gewerkschaften und Arbeitgeberverbände der gewerblichen Wirtschaft, nicht der Landwirtschaft, sollen nach Wirtschaftszweigen gegliedert[108] in einer Art paritätischem Zwangsverbund sich mit Angelegenheiten ihres Bereichs befassen. Dazu gehören beispielsweise alle arbeitsrechtlichen Vereinbarungen, insbesondere Tarifverträge, die allerdings nicht von den Wirtschaftsgemeinschaften ersetzt werden könnten[109]. Eine dritte Form der „Gesamtvereinbarungen" sollte es nämlich nach dem Willen der Verfassung nicht geben, wie aus Art. 54 Abs. 1 Satz 2 LV R-P zu ersehen ist, wonach Gesamtvereinbarungen nur zwischen den Gewerkschaften und Arbeitgebervertretungen abgeschlossen oder durch verbindlich erklärte Schiedssprüche ersetzt werden können. Zwar stünden sich in den Wirtschaftsgemeinschaften die Gewerkschaften und Arbeitgeberverbände auch gleichberechtigt gegenüber, ein staatlich

---

[105] Vgl. dazu oben Einleitung, insb. Fn. 4.

[106] In etwa vergleichbare Vorschriften anderer Landesverfassungen: Art. 46 LV Bre; Art. 58, 59 LV SL. Art. 46 LV Bre sieht eine Wirtschaftskammer „zur Förderung der Wirtschaft und der Sozialpolitik" vor, diese ist allerdings nicht auf bestimmte Wirtschaftszweige beschränkt. Art. 58 LV SL beschränkt die „Wirtschaftsgemeinschaften" zwar auf ihren Wirtschaftszweig, sie sind aber „von der Regierung zu allen wirtschaftlichen und sozialen Maßnahmen von grundsätzlicher Bedeutung zu hören".

[107] Vgl. Klaas, LV R-P, S. 65 f.

[108] Dies folgt aus Satz 2 („ihres Bereichs") und Satz 3 („ihres Wirtschaftszweiges") des Art. 68 LV R-P.

[109] Wohl a. A. Süsterhenn / Schäfer, LV R-P, Art. 68, Anm. 2, die typischerweise tarifvertraglich Geregeltes den Wirtschaftsgemeinschaften erschließen wollen.

VI. Beispiele zu konkreten Verfassungsaufträgen

verordneter Zusammenschluß in einer Organisation, u. U. verbunden mit einem rechtlichen, jedenfalls aber faktischen Einigungszwang, würde die Tarifhoheit indessen auf unzulässige Weise einengen[110]. Im übrigen wäre ein Beschluß der Wirtschaftsgemeinschaft rechtlich etwas anderes als ein frei ausgehandelter Vertrag zwischen den Tarifvertragsparteien. Das Befassungsrecht der Wirtschaftsgemeinschaften wird sich in bezug auf üblicherweise tarifvertraglich geregelte Gegenstände in Vorbereitungsmaßnahmen, Empfehlungen u. ä. erschöpfen. Im sonstigen Bereich ihrer wirtschaftlichen Beziehungen können Gewerkschaften und Arbeitgebervertretungen als Wirtschaftsgemeinschaft auch weitere Maßnahmen treffen, insbesondere haben sie die Interessen ihres Wirtschaftszweiges in der Gesamtwirtschaft wahrzunehmen.

Süsterhenn / Schäfer[111] meinen, es sei auch „an eine Zusammenarbeit innerhalb der Wirtschaftsgemeinschaften zwischen Arbeitern und Unternehmen in der Weise gedacht, daß innerhalb eines bestimmten Wirtschaftszweigs in Anlehnung an den Grundgedanken der Kartelle bestimmte Produktions- und Absatzregelungen vereinbart werden, um die Rentabilität der Betriebe und damit den Arbeitern den Arbeitsplatz zu sichern". Ob den Wirtschaftsgemeinschaften eine solche Betätigung zugestanden werden könnte, kann an dieser Stelle noch dahinstehen. Jedenfalls schließt der Wortlaut eine solche Auslegung des Art. 68 LV R-P nicht aus, Beschränkungen können sich allerdings aus dem Gesichtspunkt der bundesrechtskonformen Auslegung[112] ergeben.

Ein Gesetzesinitiativrecht im weitesten Sinne könnte den Wirtschaftsgemeinschaften nicht zugestanden werden. Die Landesverfassung billigt(e)[113] dies im wirtschaftlichen Bereich nur der Hauptwirtschaftskammer zu (Art. 72 Satz 2 LV R-P).

Nicht nur darin, sondern insgesamt unterscheiden sich, wie sich aus dem dargestellten Aufgaben- und Funktionsbereich der Wirtschaftsgemeinschaften ergibt, diese von einem gerade in jüngster Zeit wieder verstärkt geforderten Wirtschafts- und Sozialrat[114]. Wirtschafts- und

---

[110] Dies folgt nicht „erst" aus einer bundesrechtskonformen Auslegung des Art. 68 LV R-P, sondern bereits aus einer ganzheitlichen Betrachtung der LV R-P, die offenbar von tariffähigen Gewerkschaften, denen auch ausdrücklich das Streikrecht zugestanden wird (Art. 66 Abs. 2 LV R-P), ausgeht (vgl. auch Art. 66 Abs. 1 LV R-P).
[111] *Süsterhenn / Schäfer*, LV R-P, Art. 68, Anm. 2.
[112] Vgl. oben C. I.
[113] Vgl. dazu oben III. Art. 72 LV R-P ist gem. Art. 143 Abs. 2 LV R-P vorläufig außer Kraft gesetzt. Dies hat für die Auslegung der Verfassung insoweit jedoch keine Bedeutung, als Art. 72 LV R-P noch zur Auslegung anderer Bestimmungen berücksichtigt werden kann (vgl. dazu oben B. III. 2. b).
[114] Vgl. die Gesetzesinitiative der Fraktion der SPD im rheinland-pfälzischen Landtag über die Errichtung eines Landeswirtschafts- und Sozialrates — LT-Drucks. 8/2053 vom 28. 4. 1977 —; zur Einführung eines Bundeswirt-

Sozialräte sollen in der Regel eine gewisse staatsorganisatorische Stellung erhalten, die je nach konkreter Ausgestaltung von einer Beratungsfunktion für die Exekutive und/oder Legislative in wirtschafts- und sozialpolitischen Fragen bis hin zu einem Gesetzesinitiativrecht reichen kann. Die Zusammensetzung sollte aus Vertretern der Spitzenorganisationen der Verbände der Arbeitnehmer und Arbeitgeber oder aber auch aus Vertretern verschiedener Verbände, die in etwa die Sozialstruktur wiederspiegeln, erfolgen. Daraus wird deutlich, daß Wirtschafts- und Sozialräte — selbst wenn sie sich wie die Wirtschaftsgemeinschaften paritätisch aus Arbeitnehmer- und Arbeitgebervertretern zusammensetzen sollten — etwas grundlegend anderes als Wirtschaftsgemeinschaften darstellen. Wirtschaftsgemeinschaften im Sinne des Art. 68 LV R-P sollen nicht in die Staatsorganisation im engeren Sinne eingebunden werden. Ihre „Nähe" zur Exekutive und Legislative und ihr möglicher Einfluß auf diese wären auf keinen Fall größer, als dies bei heute vorhandenen größeren gesellschaftlichen Gruppierungen der Fall ist. Aufgrund ihres beschränkten Aufgabenbereichs[115] kann sogar bezweifelt werden, ob Wirtschaftsgemeinschaften überhaupt einen nennenswerten Einfluß erreichen könnten. Zum einen wären Wirtschaftsgemeinschaften nur auf wirtschaftliche Fragen beschränkt. Der Sozialbereich wäre allenfalls insoweit von Belang, als seine Gestaltung sich wirtschaftlich auswirkt. Dies ist zwar häufig der Fall, jedoch sind der Ansatzpunkt, der Blickwinkel und das Interesse völlig verschieden, wenn nicht in gewisser Weise sogar entgegengesetzt. Zum anderen wären Wirtschaftsgemeinschaften auf die Interessenwahrnehmung ihres Wirtschaftszweiges beschränkt, sie wären keine Sachwalter des Gemeinschaftsinteresses. Nicht das Allgemeininteresse, das Wohl der Allgemeinheit, sondern das Partikularinteresse, die institutionalisierte Parteilichkeit für ihren jeweiligen Wirtschaftszweig kennzeichneten ihre Stellung und ihre Aufgabenwahrnehmung.

Die Rechtsnatur des Art. 68 LV R-P ist umstritten. Die überwiegende Meinung in der Literatur[116] geht davon aus, Art. 68 LV R-P habe insgesamt nur Programmsatzcharakter. Hierfür spricht immerhin, daß man während der Verfassungsberatungen bewußt von einer Ist-Vorschrift, also einem Zwang zum Zusammenschluß Abstand nahm[117]. Programmatischen Inhalt hat Art. 68 LV R-P unzweifelhaft insofern, als er keine

---

schafts- und Sozialrates vgl. Schlußbericht der Enquête-Kommission Verfassungsreform des Deutschen Bundestages, Kap. 8, 1, abgedr. in: Zur Sache 3/76, S. 232 ff.
[115] Dazu sogleich unten.
[116] *Süsterhenn / Schäfer*, LV R-P, Art. 68, Anm. 2; *Armbruster*, Gutachten, S. 32; *Mayer*, Gutachten, S. 26; *Mayer / Ule*, Staats- und Verwaltungsrecht, S. 81.
[117] Vgl. *Klaas*, LV R-P, S. 65 f.

VI. Beispiele zu konkreten Verfassungsaufträgen

konkreten Zuständigkeiten der Wirtschaftsgemeinschaften benennt, dies wurde der Ausgestaltung durch den einfachen Landesgesetzgeber überlassen. Soweit Art. 68 LV R-P allerdings die Einrichtung der Organisation „Wirtschaftsgemeinschaften" anspricht, deren wesentliche Grundsätze (paritätische Zusammensetzung, Zweck, Umschreibung des Aufgabenbereichs) normiert werden, ist er als konkreter auffordernder Verfassungsauftrag an die Adresse des Landesgesetzgebers anzusehen[118].

Aus dieser Qualifikation des Art. 68 LV R-P als konkreter Aufforderung an den Landesgesetzgeber, ein Organisationsrecht für Wirtschaftsgemeinschaften zu schaffen, folgt indessen nicht, daß der Landesgesetzgeber hierzu verpflichtet wäre. Auffordernde Verfassungsaufträge (Soll-Vorschriften) unterscheiden sich von verpflichtenden gerade dadurch, daß sie nicht unbedingt ausgeführt werden müssen. Allerdings ist der Landesgesetzgeber bei der Entscheidung, ob er den Verfassungsauftrag ausführen will, nicht in dem Maße frei, wie er dies bei Verfassungsermächtigungen ist. Auffordernde Verfassungsaufträge stehen in ihrer Verpflichtungsintensität zwischen verpflichtenden und ermächtigenden Verfassungsaufträgen. Wo die Grenze im einzelnen verläuft, ist nur schwierig zu bestimmen. *Schnur*[119] hält eine Analogie zu verwaltungsrechtlichen Grundsätzen für statthaft, wonach eine Behörde von einer Soll-Vorschrift nur bei Vorliegen eines wichtigen Grundes, also in atypischen Fällen abweichen dürfe[120]. Diese Ansicht verdient in ihrer Kernaussage Zustimmung, soweit bei einer Soll-Vorschrift eine Bindung um jeden Preis abgelehnt wird. Allerdings dürfte die einfache Übertragung dieses verwaltungsrechtlichen Grundsatzes dem Verhältnis des Parlaments zur Verfassung noch nicht ganz gerecht werden. Der Gestaltungsfreiraum des Parlaments dürfte im Verhältnis zur verfassungsrechtlichen Soll-Vorschrift prinzipiell freier als derjenige der Verwaltung im Verhältnis zum Gesetz sein, weil die Verfassung von ihrer Natur her als längerfristig gedachte Grundordnung für künftige Entwicklungen offener sein muß als ein leichter abänderbares Gesetz. Der Gesetzgeber ist gehalten, die Auswirkungen seiner Gesetze zu beobachten und zu kontrollieren. Ungewollten, im Zeitpunkt des Gesetzeserlasses noch nicht abzusehenden Entwicklungen hat er daher prinzipiell selbst entgegenzuwirken und diese Aufgabe nicht etwa der Verwaltung zu überlassen. Der Gesetzgeber ist also von Verfassungs wegen unter Umständen zum „Nachfassen" verpflichtet[121]. Dem Ver-

---

[118] Ebenso *Schnur*, Gutachten, S. 10, 29.
[119] *Schnur*, Gutachten, S. 29 f.
[120] Vgl. dazu BVerwGE 12, 284; 20, 117; OVG Lüneburg, DÖV 1979, S. 170; *Wolff / Bachof*, Verwaltungsrecht I, § 31 II b.
[121] Vgl. BVerfGE 49, 89, 130 — Kalkar-Entscheidung —.

fassungsgesetzgeber ist aus rechtlichen und insbesondere tatsächlichen Gründen eine Nachkontrolle nicht so einfach möglich, so daß aus diesem Grund tendenziell der einfache Gesetzgeber bei Soll-Vorschriften der Verfassung freier gestellt sein muß. Danach könnte der Gesetzgeber von der Realisierung eines auffordernden Verfassungsauftrages bereits dann absehen, wenn dies aus bestimmten — vom Verfassungsgeber nicht oder kaum vorherzusehenden — Umständen oder Entwicklungen unzweckmäßig erschiene.

Wenn es für die Frage der Wirksamkeit des Art. 68 LV R-P auch nicht darauf ankommt, ob der Gesetzgeber zu Recht oder zu Unrecht diesen Verfassungsauftrag nicht realisiert hat, so sei in diesem Zusammenhang dennoch darauf hingewiesen, daß der Landtag Rheinland-Pfalz den Auftrag des Art. 68 LV R-P selbst unter Zugrundelegung der engeren Ansicht von *Schnur* nicht auszuführen brauchte. Schon in dem 1950 erschienenen Kommentar zur rheinland-pfälzischen Verfassung von *Süsterhenn / Schäfer*[122] heißt es:

„Es ist auch kaum an ihre (der Verfassungsbestimmung) Realisierung zu denken, weil derartige Regelungen natürlicherweise wohl über den Bereich eines Landes hinaus für das gesamte Bundesgebiet erfolgen müssen, wenn sie eine praktische Bedeutung erhalten sollen."

Aufgrund der allgemeinen politischen, sozialpolitischen und wirtschaftlichen Entwicklung Deutschlands schon bald nach Inkrafttreten der Landesverfassung hatte sich ein Bedürfnis nach Einrichtung von Wirtschaftsgemeinschaften als überholt erwiesen. Indiziell für die Richtigkeit dieser These spricht, daß weder von Arbeitgeber- noch von Arbeitnehmerseite solche Einrichtungen ernsthaft gefordert wurden, auch im Landtag wurde eine dahingehende Initiative von keiner Seite ergriffen[123].

c) Das Bundesrecht enthält eine dem Art. 68 LV R-P vergleichbare Regelung nicht. Die Bestimmung des Art. 68 LV R-P verstößt weder gegen höherrangiges Bundesrecht, noch wäre der Landesgesetzgeber derzeit durch einfaches Bundesrecht gehindert, eine solche Organisation einzurichten.

Die in Art. 9 Abs. 3 GG garantierte Koalitionsfreiheit wird nicht verletzt. „Art. 9 Abs. 3 GG schützt nur einen Kernbereich der Koalitionsbetätigung[124]," „d. h. diejenigen Tätigkeiten, für die die Koalitionen

---

[122] *Süsterhenn / Schäfer*, LV R-P, Art. 68, Anm. 2 a. E.
[123] Daß der von der SPD-Fraktion des rheinland-pfälzischen Landtags initiierte Gesetzentwurf über die Errichtung eines Landeswirtschafts- und Sozialrates (LT-Drucks. 8/2053 von 28. 4. 1977) mit der Einrichtung von Wirtschaftsgemeinschaften nichts zu tun hat, wurde oben bereits dargelegt.
[124] BVerfGE 28, 295, 305 unter Hinweis auf E 18, 18, 27; 19, 303, 321 f.; vgl. auch E 38, 281, 305; NJW 1979, S. 699, 709.

VI. Beispiele zu konkreten Verfassungsaufträgen

gegründet sind und die für die Erhaltung und Sicherung ihrer Existenz als unerläßlich bezeichnet werden müssen[125];" „er räumt den geschützten Personen und Vereinigungen nicht mit Verfassungsrang einen inhaltlich unbegrenzten und gesetzlich unbegrenzbaren Handlungsspielraum ein[126]." „Das Bundesverfassungsgericht hat den Kernbereich des Art. 9 Abs. 3 GG vor allem in der Garantie eines vom Staat bereitzustellenden Tarifvertragssystems und in der Bildung freier Koalitionen als Partner der Tarifverträge gesehen[127]." „Hier liegt das eigentliche Betätigungsfeld der Gewerkschaften" — aber auch der Arbeitgeberverbände —, „in dem sogar der Staat selbst grundsätzlich zugunsten der Tarifpartner sich jeder Einflußnahme enthält, und wo er deshalb ebensowenig die Ingerenz ‚halbstaatlicher' Organisationen dulden dürfte"[128]. Für die allgemeine Vertretung der Arbeitnehmerinteressen gegenüber dem Staat und der Gesellschaft hat das Bundesverfassungsgericht[129] entschieden, daß dieser Ausschließlichkeitsanspruch hierauf nicht übertragen werden könne. Wenn auch die „freie Darstellung der Gruppeninteressen der Arbeitnehmer" durch Art. 9 Abs. 3 GG den Gewerkschaften ebenfalls gewährleistet sei, stünden sie hier doch seit jeher in Konkurrenz mit anderen privaten Verbänden, mit den Parteien und auch mit einzelnen öffentlich-rechtlichen Körperschaften. Die Gewerkschaften könnten sich deshalb nur dann unter Berufung auf Art. 9 Abs. 3 GG gegen die Errichtung und Betätigung anderer Vertretungskörperschaften in diesem Bereich wehren, wenn solche Körperschaften die Wirksamkeit oder sogar den Bestand der Gewerkschaften beeinträchtigen würden. Im Einklang mit diesen Grundsätzen hat das Bundesverfassungsgericht im Mitbestimmungsurteil ausgeführt:

„Das Grundrecht (gemeint ist: Art. 9 Abs. 3 GG) enthält, wie gezeigt, keine Garantie des Fortbestands des Tarifvertrags- und Arbeitskampfsystems in seiner konkreten gegenwärtigen Gestalt. Art. 9 Abs. 3 GG läßt sich auch nicht dahin auslegen, daß er ein Tarifsystem als *ausschließliche* Form der Förderung der Arbeits- und Wirtschaftsbedingungen gewährleiste. ... Vielmehr kann die sinnvolle Ordnung und Befriedigung des Arbeitslebens ... nicht nur durch Gestaltungen, die, wie das Tarifsystem, durch die Grundelemente der Gegensätzlichkeit der Interessen, des Konflikts und des Kampfes bestimmt sind, sondern auch durch solche, die Einigung und Zusammenwirkung in den Vordergrund rücken, ... (angestrebt werden)[130]."

Zieht man diese Maßstäbe zur Beurteilung der Verfassungsmäßigkeit von Wirtschaftsgemeinschaften heran, dann kann festgestellt werden, daß solche Organisationen den Kernbereich der Koalitionsbetätigung

---
[125] BVerfGE 38, 281, 305 unter Hinweis auf E 4, 96, 101 f.; 28, 295, 304 f.
[126] BVerfGE 38, 386, 393.
[127] BVerfGE 38, 281, 306.
[128] BVerfG, ebd.
[129] BVerfG, ebd.
[130] BVerfGE 50, 290, 371.

nicht verletzten. Weder würden das Recht zur Bildung solcher Koalitionen, das Recht, ihnen beizutreten oder das Recht, ihnen fernzubleiben, behindert, noch würden die Koalitionen als solche in ihrer Existenz oder in der Wirksamkeit ihrer Tätigkeit beschränkt. Art. 68 LV R-P intendiert eher die Förderung ihrer Aufgaben. Es ist allerdings nicht zu verkennen, daß die Koalitionen unter Umständen gegen ihren Willen in solche Organisationen gezwungen werden könnten, wenngleich dies den Wirtschaftsgemeinschaften eine gewisse Effizienz von vornherein nähme. Gleichwohl wäre dies verfassungsrechtlich unbedenklich. Es handelte sich hier nicht um eine Ingerenz einer staatlichen Organisation mit den Koalitionen, es entstünde keine konkurrierende Einrichtung, da die Gewerkschaften und Arbeitgebervertretungen selbst Beteiligte — und zwar die einzigen — wären. Im übrigen ist es eine allgemeine Aufgabe, auch konkurrierender Organisationen, z. B. der öffentlich-rechtlichen Berufskammern, Anliegen der betreffenden Wirtschaftszweige zu fördern und ihre Interessenvertretung wahrzunehmen. Soweit in diesen Berufskammern auch Arbeitnehmer beteiligt sind, nehmen sie zum Teil auch die „gemeinsamen Angelegenheiten ihres Bereichs" im Sinne des Art. 68 LV R-P wahr. Da Art. 68 LV R-P den Gesetzgeber auch nicht dazu ermächtigt, den Wirtschaftsgemeinschaften das Recht zu geben, Tarifverträge zu ersetzen, ergibt sich auch kein Kollisionsgrund mit dem im Kernbereich durch Art. 9 Abs. 3 GG geschützten Tarifvertragssystem. Schließlich würde der Grundsatz der Gegnerunabhängigkeit der Koalitionen durch einen Zusammenschluß in Wirtschaftsgemeinschaften nicht unzulässig eingeschränkt. Gewisse sich möglicherweise ergebende Beeinflussungen würden den Kernbereich des Art. 9 Abs. 3 GG nicht berühren[131]. Art. 68 LV R-P ist somit wirksam[132].

Wenn es auch für die Wirksamkeit eines Gesetzgebungsauftrages auf dem Inhalt einfachen Bundesrechts nicht ankommt, so sei dennoch der Vollständigkeit halber darauf hingewiesen, daß einfaches Bundesrecht die Errichtung von Wirtschaftsgemeinschaften nicht ausschlösse. Weder unterliegt das Arbeitsrecht dem Kodifikationsprinzip des BGB[133], noch ist das Wirtschaftsrecht vom Bundesgesetzgeber abschließend geregelt. Das Tarifvertragsgesetz schließt einen Zusammenschluß von Gewerkschaften und Arbeitgeberverbänden nicht aus, soweit dadurch die Tarifautonomie der Tarifparteien nicht gefährdet wird. Dies ist nach dem oben dargelegten Verständnis von Art. 68 LV R-P nicht der Fall. Im übrigen verböte eine bundesrechtskonforme Auslegung, Art. 68 LV R-P

---

[131] BVerfGE 50, 290, 376.
[132] Im Ergebnis ebenso *Mayer*, Gutachten, S. 25 f.; *Armbruster*, Gutachten, S. 23; *Mayer / Ule*, Staats- und Verwaltungsrecht, S. 81; *Reuß*, in: Bettermann / Nipperdey / Scheuner, S. 143.
[133] BVerfG, NJW 1958, S. 1179.

VI. Beispiele zu konkreten Verfassungsaufträgen

einen anderen Inhalt beizumessen. Wollte man den Wirtschaftsgemeinschaften eine Funktion zur „Zwangseinigung" tarifvertraglicher Streitigkeiten zugestehen, dann würde die Tarifautonomie im Grundsatz in unzulässiger Weise ausgehöhlt. Eine Ausnahme könnte nur insoweit und für die sachlich beschränkten Fälle gelten, in denen eine verbindliche Zwangsschlichtung ohnehin zulässig wäre[134]. Es erscheint allerdings höchst zweifelhaft, ob ein solches, paritätisch besetztes Gremium überhaupt in der Lage wäre, eine derartige Schlichtung herbeizuführen. Auch das Betriebsverfassungsgesetz schließt die Errichtung von Wirtschaftsgemeinschaften nicht aus, weil es sich vor allem mit innerbetrieblichen Fragen und nicht mit betriebsfeldübergreifenden Problemen eines ganzen Wirtschaftszweiges befaßt.

Die oben offengelassene Frage, ob die Wirtschaftsgemeinschaften Kartelle, Vereinbarungen über bestimmte Produktions- und Absatzregelungen tätigen dürften, könnte hier ebenfalls unbeantwortet bleiben, da dies im Falle der Unzulässigkeit mit Hilfe der bundesrechtskonformen Auslegung[135] nicht zur Unumsetzbarkeit des Verfassungsauftrages in Art. 68 LV R-P führte, sondern lediglich eine der möglichen Aufgaben der Wirtschaftsgemeinschaften vom Gesetzgeber derzeit nicht realisiert werden könnte. Was den Funktionsbereich der Wirtschaftsgemeinschaften anbelangt, so hat Art. 68 LV R-P ohnehin nur programmatischen Charakter. Gleichwohl sei auf folgendes hingewiesen: Kartelle dürften Wirtschaftsgemeinschaften nur im Rahmen des Gesetzes gegen Wettbewerbsbeschränkungen (GWB) bilden. Dem steht nicht entgegen, daß das GWB nur Verträge zwischen Unternehmen oder Vereinigungen von Unternehmen behandelt. Wenn auch in einer Wirtschaftsgemeinschaft Gewerkschaften vertreten wären, so könnten die Kartellverträge doch nur die über ihre Vertretungen beteiligten Betriebe binden. Die Beteiligung Dritter kann die Anwendbarkeit des GWB jedoch nicht ausschließen, da ansonsten das Gesetz ohne weiteres umgangen werden könnte.

Wenn Art. 68 LV R-P somit auch vom Landesgesetzgeber realisiert werden könnte, so soll indes nicht damit gesagt werden, daß Art. 68 LV

---

[134] Art. 54 Abs. 1 Satz 2 LV R-P räumt dem Landesgesetzgeber im Wege einer konkreten Verfassungsermächtigung die Möglichkeit ein, „verbindlich erklärte Schiedssprüche", die Tarifverträge ersetzen sollen, einzuführen. Ob solche Schiedssprüche den Kernbereich bundesverfassungsrechtlich gewährleisteter Tarifautonomie berühren, ist streitig. Ohne Ausnahme für unzulässig halten sie z. B. *Söllner*, Arbeitsrecht, S. 106; *Hanau / Adomeit*, Arbeitsrecht, S. 82; während andere — m. E. zu Recht — anerkennen, daß durchaus Situationen eintreten können, die den sozialen Frieden so nachhaltig stören, daß ein zwangsweises Eingreifen des Staates unabdingbar geboten sein kann (vgl. etwa *Isele*, Schlichtung, S. 43; *Maunz*, in: M/D/H/S, GG, Art. 9, Rdn. 128 m. w. N.).
[135] Vgl. oben C. I.

86   F. Beispiele: Vereinbarkeit von Landesverfassungs- und Bundesrecht

R-P einen nach derzeitiger wirtschafts-, sozial- und gesellschaftspolitischer Entwicklung zweckmäßigen und zur Erreichung der ins Auge gefaßten Ziele geeigneten Weg aufzeigt. Insoweit kann auf das oben bereits Gesagte[136] verwiesen werden. Hinzu kommt, daß die bestehenden bundesrechtlichen Regelungen (Kartellrecht, Tarifvertragsrecht u. a.) den Aufgabenbereich von Wirtschaftsgemeinschaften stark einengen würden, was zusätzlich erhebliche Zweifel an der Zweckmäßigkeit solcher Einrichtungen begründet.

VII. Beispiele für Programmsätze

1. a) Art. 51 LV R-P[137] bestimmt:

„Die Wirtschaft hat die Aufgabe, durch Nutzung der natürlichen Hilfsquellen und durch Entwicklung der Produktionstechnik für alle Glieder des Volkes die zur Befriedigung der Lebensbedürfnisse erforderlichen Sachgüter zur Verfügung zu stellen. Die Ordnung des Wirtschaftslebens muß den Grundsätzen der sozialen Gerechtigkeit mit dem Ziel der Gewährleistung eines menschenwürdigen Daseins für alle entsprechen.

Der Staat hat die Aufgabe, die Existenzgrundlage der heimischen Wirtschaft zu stützen, die Wirtschaft zu beaufsichtigen, für eine gesunde Mischung großer, mittlerer und kleiner Unternehmen zu sorgen und die Erzielung höchstmöglicher Erträge für das Volksganze sicherzustellen."

b) Art. 51 Abs. 1 Satz 1 LV R-P besagt — negativ ausgedrückt —, daß die Wirtschaft nie Selbstzweck sein darf. Der Mißbrauch privaten Gewinnstrebens und schrankenloser Erwerbsfreiheit sollen verhindert werden, wie auch aus Art. 52 Abs. 2 Satz 2 LV R-P deutlich wird[138]. Demgemäß fordert Art. 51 Abs. 1 Satz 2 LV R-P die Wirtschaft zu sozialer Gerechtigkeit auf. Dies steht im Einklang mit Art. 74 LV R-P, wonach Rheinland-Pfalz ein sozialer Gliedstaat Deutschlands ist. Insgesamt wird einer rein individualistischen, im klassischen Sinn liberalistischen Wirtschaftsordnung, die keine Rücksicht auf das Gemeinwohl nimmt, eine klare Absage erteilt.

Art. 51 Abs. 2 LV R-P weist dem Staat eine schützende, beaufsichtigende, sorgende und sicherstellende Rolle im Wirtschaftsbereich zu. Eine globale planwirtschaftliche Lenkungsfunktion wurde dem Staat vom Verfassungsgeber ganz bewußt vorenthalten, wie sich aus der Entstehungsgeschichte des Art. 51 Abs. 2 LV R-P ergibt[139]. Während der Entwurf der Landesverfassung nach der ersten und zweiten Lesung des Verfassungsausschusses der Beratenden Landesversammlung noch die

---

[136] Vgl. unter b.
[137] Vergleichbare Vorschriften anderer Landesverfassungen: Art. 151, 152 LV Bay; Art. 39 LV Bre; Art. 27, 38 LV Hes; Art. 43 LV SL.
[138] Vgl. *Süsterhenn / Schäfer*, LV R-P, Art. 51, Anm. 2 a.
[139] *Klaas*, LV R-P, S. 65 und S. 398 f.

VII. Beispiele für Programmsätze

Lenkung der Wirtschaft „im Sinne der Erzielung höchstmöglicher Erträge für die Allgemeinheit" vorsah, wurde dieser Passus bei der Schlußabstimmung gestrichen[140]. Die schließlich gültige Fassung verlangt nur noch, daß der Staat die Erzielung höchstmöglicher Erträge für das Volksganze sicherstellt, d. h., der Staat ist zwar als Korrektor der wirtschaftlichen Entwicklung berufen, nicht aber wurde ihm die Stellung eines „allmächtigen" Wirtschaftslenkers eingeräumt. Zu Recht weisen *Süsterhenn / Schäfer*[141] darauf hin, daß damit der Zusammenhang mit dem Grundsatz des Gemeinwohls hergestellt wurde. Insgesamt konkretisiert Art. 51 LV R-P für den wirtschaftlichen Bereich das Postulat des Art. 1 Abs. 2 LV R-P:

„Der Staat hat die Aufgabe, die persönliche Freiheit und Selbständigkeit des Menschen zu schützen sowie das Wohlergehen des einzelnen und der innerstaatlichen Gemeinschaften durch die Verwirklichung des Gemeinwohls zu fördern."

Es wird also weder einer klassisch-liberalistischen Wirtschaftsverfassung noch einer staatlichen Planwirtschaft das Wort geredet. Im übrigen legt sich die Verfassung in dieser Grundsatznorm auf eine bestimmte Wirtschaftsform nicht fest[142].

Art. 51 LV R-P ist eine „programmatische Grundsatzbestimmung", wie sich unzweideutig schon aus dem Wortlaut ergibt[143]. Er ist ein verpflichtender Programmsatz an die Adresse der Wirtschaft (Abs. 1) und des Staates (Abs. 2), konkrete Maßnahmen werden nicht genannt; „nur" die Rahmenbedingungen, die dem Verfassungsgeber vorschwebten, werden angedeutet, in deren Lichte die übrigen Vorschriften des VI. Abschnitts des 1. Hauptteils der LV für Rheinland-Pfalz („Die Wirtschafts- und Sozialordnung"), aber auch andere Verfassungsvorschriften, zu sehen sind. Dem Staat und der Wirtschaft werden lediglich Leitbilder an die Hand gegeben.

c) Da es sich bei Art. 51 LV R-P um einen verpflichtenden Programmsatz handelt, dem unmittelbare Rechtswirkungen nicht zukommen, ist er nach den oben getroffenen Feststellungen dann rechtswirksam, wenn seine programmatische Aussage dem Grundgesetz oder einem sonstigen bundesgesetzlich geregelten Bereich nicht diametral zuwiderläuft[144].

---

[140] Vgl. *Süsterhenn / Schäfer*, LV R-P, Art. 51, Anm. 1 und 2 m. w. N.
[141] *Süsterhenn / Schäfer*, ebd., Anm. 2 b.
[142] Ebenso *Mayer / Ule*, Staats- und Verwaltungsrecht, S. 80; *Mayer*, Gutachten, S. 8; a. A. wohl *Schnur*, Gutachten, S. 9 f.
[143] *Süsterhenn / Schäfer*, LV R-P, Art. 51, Anm. 2; zust. *Mayer*, Gutachten, S. 18; *Armbruster*, Gutachten, S. 11; *Klaas*, LV R-P, S. 64; offen gelassen von *Schnur*, Gutachten, S. 9 f.
[144] Vgl. oben C. III. 2. b.

88 F. Beispiele: Vereinbarkeit von Landesverfassungs- und Bundesrecht

Das Grundgesetz enthält eine dem Art. 51 LV R-P ähnliche Vorschrift nicht, wie überhaupt im Grundgesetz die Wirtschaftsverfassung nicht zusammengefaßt geregelt wurde, vergleichbar etwa mit den Bestimmungen der Art. 51 ff. LV R-P und den entsprechenden Bestimmungen anderer Landesverfassungen[145]. Maßstäbe der verfassungsrechtlichen Prüfung der Wirksamkeit der Vorschriften der Landesverfassung anhand des Grundgesetzes sind daher „diejenigen Einzelgrundrechte, welche die verfassungsrechtlichen Rahmenbedingungen und Grenzen der Gestaltungsfreiheit"[146] markieren. Weitere Prüfungsmaßstäbe eines „institutionellen Zusammenhangs der Wirtschaftsverfassung" und eines „Schutz- und Ordnungszusammenhangs der Grundrechte"[147] lehnt das Bundesverfassungsgericht[148] ausdrücklich ab, weil die Grundrechte, die individuelle Rechte zum Schutze der Menschen und der Bürger in besonders gefährdeten Bereichen menschlicher Freiheit sind, sich von diesem eigentlichen Kern nicht lösen lassen. Sie verselbständigen sich nicht zu einem Gefüge objektiver Normen, wenngleich sie als Grundrechte eine Verstärkung als *auch* objektive Prinzipien erfahren können. Das Bundesverfassungsgericht[149] hat schon im Investitionshilfe-Urteil in Leitsatz 6 ausgeführt: „Ein bestimmtes Wirtschaftssystem ist durch das Grundgesetz nicht gewährleistet." Einschränkend und weniger mißverständlich heißt es dann in den Gründen[150]: „Die ‚wirtschaftspolitische Neutralität' des Grundgesetzes besteht lediglich darin, daß sich der Verfassungsgeber nicht ausdrücklich für ein bestimmtes Wirtschaftssystem entschieden hat. Dies ermöglicht dem Gesetzgeber die ihm jeweils sachgemäß erscheinende Wirtschaftspolitik zu verfolgen, sofern er dabei das Grundgesetz beachtet." Diese vom Bundesverfassungsgericht[151] im Mitbestimmungs-Urteil erneut bestätigte Auffassung wurde anfangs oft mißverstanden. Insbesondere dem „Sofern-Satz" wurde zum Teil nicht genügend Beachtung geschenkt. Wenn das Grundgesetz dem Gesetzgeber auch einen weiten Spielraum im wirtschaftlichen Bereich läßt, so ist dieser jedoch nicht grenzenlos. Wesentliche Beschränkungen ergeben sich nämlich aus den Einzelgrundrechten, die einen individuellen Freiheitsraum gegenüber der staatlichen Gewalt gewährleisten[152]. So schützt beispielsweise Art. 2 Abs. 1 GG die allgemeine

---

[145] Vgl. Art. 151 ff. LV Bay; Art. 37 ff. LV Bre; Art. 27 ff. LV Hes; Art. 24 ff. LV N-W; Art. 43 ff. LV SL.
[146] BVerfG, NJW 1979, S. 699, 702.
[147] Zur Diskussion dieser Problematik vgl. *Bäumler*, DÖV 1979, S. 325 ff.
[148] BVerfG, NJW 1979, S. 699, 702; zust. *Bäumler*, ebd.
[149] BVerfGE 4, 7.
[150] BVerfGE 4, 7, 17 f.
[151] BVerfG, NJW 1979, S. 699, 702 m. w. N.
[152] Vgl. BVerfG, ebd.; *R. Schmidt*, Wirtschaftspolitik und Wirtschaftsverfassung, S. 128 ff.; *Hablitzel*, BayVBl. 1981, S. 65 ff. und S. 100 ff. jeweils m. w. N.

VII. Beispiele für Programmsätze

wirtschaftliche Grundfreiheit, also die „Unternehmensfreiheit"[153]. Die völlige Abschaffung des Unternehmertums wäre dem Gesetzgeber z. B. nicht gestattet (Art. 2 Abs. 1 i. V. m. Art. 19 Abs. 2 GG), da dies den Wesensgehalt des Grundrechts beträfe. Andererseits lassen sich auf Art. 2 Abs. 1 GG auch keine wirtschaftsliberalistischen Gedankengebäude[154] errichten, wie sich aus den Schranken, die Rechte anderer, die verfassungsmäßige Ordnung und das Sittengesetz, ergibt. An dieser Stelle ist insbesondere die Verpflichtung der Bundesrepublik Deutschland und ihrer Gliedstaaten zum Sozialstaat (Art. 20 Abs. 1 und Art. 28 Abs. 1 Satz 1 GG) zu nennen[155].

Insgesamt läßt sich sagen, daß angesichts der Gebote der Art. 2 Abs. 1, Art. 12 und 14 GG ein gänzliches oder auch nur sehr weitgehendes Abweichen von der freien Wirtschaftsordnung verfassungsrechtlich nicht zulässig ist. Die Institutsgarantie verbietet, solche Bereiche der Privatrechtsordnung zu entziehen, die elementarer Bestand grundrechtlich geschützter Betätigungen im vermögensrechtlichen Bereich sind. Hierzu gehört insbesondere auch die freie Verfügungsbefugnis[156].

Für die Verfassungen der Länder hat dies zur Folge, das Bestimmungen, die einer liberalistischen Wirtschaftsordnung entsprungen sind, oder Regeln, die einer staatsplanerischen Wirtschaftsverfassung entsprechen, nichtig sind, wenn sie in ihrer konkreten Ausgestaltung die Grundrechte nicht beachten. Andererseits lassen tendenziell unterschiedliche Gewichtungen der Normen innerhalb der Bandbreite des Grundgesetzes, insbesondere der Grundrechte, und sonstiger bundesrechtlicher Regelungen die Wirksamkeit einer landesverfassungsrechtlichen Vorschrift unberührt.

Da sich weder das Grundgesetz noch der Programmsatz des Art. 51 LV R-P auf ein bis ins einzelne bestimmtes Wirtschaftssystem festlegen und da sie sogar beide die Grenzen zumindest in ähnlicher Weise gegen liberalistische und sozialistische Extreme abstecken, bestehen im Verhältnis des Grundgesetzes zur Landesverfassung keine Bedenken gegen die Rechtsgültigkeit des Art. 51 LV R-P[157]. Angesichts des weitgesteckten Rahmens beider Normen ist auch kein diametraler Wider-

---

[153] Huber, DÖV 1956, S. 135.
[154] *Maunz*, in: M/D/H/S, GG, Art. 2, Rdn. 44.
[155] Vgl. *Ballerstedt*, in: Bettermann / Nipperdey / Scheuner, S. 50 ff.; *Hablitzel*, BayVBl. 1981, S. 109.
[156] BVerfGE 24, 367, 390; 26, 215, 222; 31, 229, 240; 37, 132, 140; 42, 263, 294; 50, 290, 339; 52, 1, 30.
[157] Ebenso *Armbruster*, Gutachten, S. 26; *Hamann*, Wirtschaftsverfassungsrecht, S. 25 (nur für Art. 51 Abs. 1 Satz 2 LV R-P); a. A. *Mayer*, Gutachten, S. 17 f., der Art. 51 LV R-P „unstreitig" (!) als durch Bundesrecht derogiert ansieht und *Schnur*, Gutachten, S. 9, der Art. 51 LV R-P allerdings mißversteht, wenn er meint, dieser hebe die Freiheit des Wirtschaftslebens auf.

spruch der Landesverfassung gegen eine einfache bundesrechtliche Wirtschaftsregelung denkbar, jedenfalls sind solche Bestimmungen nicht vorhanden. Wirksame Bundesregelungen müssen sich nämlich innerhalb des grundgesetzlichen Spannungsfeldes halten[158].

2. a) Art. 53 Abs. 2 LV R-P[159] bestimmt:

„Jeder Arbeitsfähige hat in Übereinstimmung mit den Forderungen des Gemeinwohls nach seinen Fähigkeiten das Recht und unbeschadet seiner persönlichen Freiheit die Pflicht zur Arbeit."

b) Art. 53 Abs. 2 LV R-P räumt zunächst jedem Arbeitsfähigen in Übereinstimmung mit den Forderungen des Gemeinwohls nach seinen Fähigkeiten das *Recht zur Arbeit* ein.

Die Regelung ist nur programmtischer Natur. Zunächst wird dem einzelnen kein subjektives Recht, kein Grundrecht auf Arbeitsverschaffung durch den Staat eingeräumt[160]. Hierfür mag schon der einschränkende Wortlaut sprechen, entscheidend ist jedoch, daß anderenfalls, wenn also der Staat die Vollbeschäftigung garantieren müßte, Art. 53 Abs. 2 LV R-P in einen unter Umständen nicht zu lösenden Zielkonflikt mit Art. 52 LV R-P, der die Wirtschaftsfreiheit garantiert, geraten könnte. In Rezessionszeiten könnte nämlich der Staat gezwungen sein, die Freiheit der Wirtschaft insgesamt zu beseitigen, um durch Zwangsverträge oder durch eine exzessive Ausweitung der Staatsbetriebe die Vollbeschäftigung aufrechterhalten oder wiederherstellen zu können. Daß durch marktwirtschaftliche Maßnahmen allein nicht stets die Vollbeschäftigung gesichert werden kann, liegt auf der Hand, wenngleich es das dauernde Bemühen des Staates sein muß, die Vollbeschäftigung zu garantieren (vgl. § 1 Stabilitätsgesetz), ohne allerdings die Wirtschaftsfreiheit in ihrem Kernbestand anzutasten. Im übrigen wäre kaum verständlich, warum eine für das ganze Volk zugängliche Arbeitslosenversicherung nach Vorstellung des Verfassungsgebers bestehen soll (vgl. Art. 53 Abs. 3 LV R-P); wenn jeder sein Recht auf Arbeit aktualisieren könnte, bestünde hierfür keine Notwendigkeit. Im Sinne einer ganzheitlichen Verfassungsauslegung kann daher Art. 53 Abs. 2 LV R-P nur als verpflichtender Programmsatz verstanden werden, der den

---

[158] Inhaltlich ähnliche Programmsätze anderer Landesverfassungen werden ebenfalls für wirksam gehalten. Vgl. *Geller / Kleinrahm*, LV N-W, 2. Aufl., Art. 24, Anm. 3 a; *Zinn / Stein*, LV Hes, Bd. I, Art. 27, Anm. 2; Art. 38, Anm. 1; unklar *Meder*, LV Bay, Art. 151, Rdn. 1; Art. 152, Rdn. 1.

[159] Vergleichbare Vorschriften anderer Landesverfassungen: Art. 166 Abs. 2 und 3 LV Bay; Art. 12 Abs. 1 LV Bln; Art. 8 Abs. 1 LV Bre; Art. 28 Abs. 2 LV Hes.

[160] *Süsterhenn / Schäfer*, LV R-P, Art. 53, Anm. 2 und 4; *Armbruster*, Gutachten, S. 12; vgl. auch *Herschel*, in: Bettermann / Nipperdey / Scheuner, S. 329; *Wank*, Recht auf Arbeit, 1980; *Badura*, Festschr. für Berber, S. 11 ff.; *Starck*, BVerfG und GG, S. 520 ff. zur Problematik sozialer Grundrechte.

VII. Beispiele für Programmsätze

Staat dazu anhalten soll, auf die Wirtschaft im Rahmen seiner etatmäßigen und verfassungsrechtlichen Möglichkeiten einzuwirken, damit alle Arbeitswilligen, soweit dies machbar ist, arbeiten können[161].

Die in Art. 53 Abs. 2 LV R-P den Arbeitsfähigen „verordnete" *Pflicht zur Arbeit* meint nicht die rechtliche, sondern die sittliche Pflicht[162], wie sich schon aus dem Zusatz „unbeschadet seiner persönlichen Freiheit" ergibt. Darüber hinaus folgt aus einer ganzheitlichen Betrachtung der Verfassung, daß ein verfassungsrechtlicher Zwang zur Arbeit nicht gewollt sein kann, wie u. a. aus Art. 1 Abs. 2 LV R-P zu ersehen ist, der den Staat verpflichtet, die persönliche Freiheit und Selbständigkeit des Menschen zu schützen. Die sittliche Pflicht zur Arbeit kann daher nur programmatischer Appell an jeden einzelnen sein (verpflichtender Programmsatz)[163].

c) Art. 109 Abs. 2 GG verpflichtet Bund und Länder bei ihrer Haushaltswirtschaft den Erfordernissen des gesamtwirtschaftlichen Gleichgewichts Rechnung zu tragen. Schon aufgrund Art. 109 Abs. 2 GG a. F. (vor der Haushaltsreform 1969) erging das Gesetz zur Förderung der Stabilität und des Wachstums der Wirtschaft vom 8. 6. 1967[164], in dem als eines der Ziele des gesamtwirtschaftlichen Gleichgewichts, neben der Stabilität des Preisniveaus, neben einem außenwirtschaftlichen Gleichgewicht und einem stetigen und angemessenen Wirtschaftswachstum, ein hoher Beschäftigungsstand (sog. magisches Viereck) genannt wird. Dieses bundesrechtlich abgesicherte Ziel dient der Realisierung des *Rechtes auf Arbeit*, wie es Art. 53 Abs. 2 LV R-P versteht, nämlich als Aufforderung an den Staat, im Rahmen seiner wirtschaftlichen und verfassungsrechtlichen Möglichkeiten dahin zu wirken, daß alle Arbeitswilligen auch arbeiten können. Art. 53 Abs. 2 LV R-P steht bezüglich des *Rechtes auf Arbeit* also in Übereinstimmung mit Bundesrecht und ist daher wirksam.

---

[161] Entsprechende Vorschriften anderer Landesverfassungen werden ebenfalls nur als Programmsätze qualifiziert (vgl. *Meder*, LV Bay, Art. 166, Rdn. 2; *Zacher*, Verfassung und Verfassungsrechtsprechung, S. 119 mit Nachweisen zur Rspr. des BayVerfGH; *Herschel*, in: Bettermann / Nipperdey / Scheuner, S. 329, Fn. 394; *Ramm*, in: 30 Jahre Hessische Verfassung, S. 221 f.; *Zinn / Stein*, LV Hes, Bd. I, Art. 28, Anm. 1; *Geller / Kleinrahm*, LV N-W, 2. Aufl., Art. 24, Anm. 1; unklar *Ballerstedt*, in: Bettermann / Nipperdey / Scheuner, S. 88 — „Bindende, wenn auch nicht ‚justizielle' Richtlinie" —).

[162] Ebenso *Süsterhenn / Schäfer*, LV R-P, Art. 53, Anm. 4; *Armbruster*, Gutachten, S. 12; *Bachof*, in: Bettermann / Nipperdey / Scheuner, S. 259, Fn. 394.

[163] Die vergleichbare Bestimmung der LV Bay (Art. 166 Abs. 3), die ebenfalls *nicht* ausdrücklich — im Gegensatz zu Art. 28 Abs. 2 LV Hes — von *sittlicher* Pflicht zur Arbeit spricht, wird auch in diesem Sinne verstanden (*Meder*, LV Bay, Art. 166, Rdn. 3; *Bachof*, in: Bettermann / Nipperdey / Scheuner, S. 259, Fn. 394; a. A. *Ballerstedt*, in: Bettermann / Nipperdey / Scheuner, S. 89, der eine mit Art. 12 GG unvereinbare Rechtspflicht annimmt).

[164] BGBl. I S. 582.

Art. 12 Abs. 2 und 3 GG bestimmt:

„(2) Niemand darf zu einer bestimmten Arbeit gezwungen werden, außer im Rahmen einer herkömmlichen allgemeinen, für alle gleichen öffentlichen Dienstleistungspflicht.

(3) Zwangsarbeit ist nur bei einer gerichtlich angeordneten Freiheitsentziehung zulässig."

Wie die aufgeführten Ausnahmen, bei denen Zwang zur Arbeit zulässig ist, zeigen, verbietet Art. 12 GG *ausdrücklich* nur den tatsächlichen, nicht den sittlich-moralischen Zwang zur Arbeit[165]. Nichts anderes folgt aus der Konvention zum Schutz der Menschenrechte und Grundfreiheiten vom 4. 11. 1950 (MRK), die für die Bundesrepublik Deutschland gemäß Bekanntmachung vom 15. 12. 1953 am 3. 9. 1953[166] im Range eines einfachen Bundesgesetzes in Kraft getreten ist. Art. 4 Abs. 2 MRK lautet:

„Niemand darf gezwungen werden, Zwangs- oder Pflichtarbeit zu verrichten."

In Art. 4 Abs. 3 MRK werden dann eine Reihe von Ausnahmen (Haft, Militärdienst, Notstandsfälle, normale Bürgerpflichten) zugelassen, die ebenfalls nur Fälle tatsächlichen, nicht sittlichen Zwangs betreffen.

Die in Art. 53 Abs. 2 LV R-P postulierte sittliche *Pflicht zur Arbeit* läuft Bundesrecht nicht zuwider. Wie oben festgestellt wurde, werden insbesondere die persönlichen Freiheiten des einzelnen durch diese Norm nicht beschnitten, so daß aus diesem Grund eine Kollision mit im Grundgesetz verbürgten Grundrechten ausscheidet. Aber auch daraus, daß das Grundgesetz und die Menschenrechtskonvention nur Ausnahmen für tatsächlichen Zwang zur Arbeit nennen, kann geschlossen werden, daß eine sittliche Pflicht zur Arbeit bundesrechtlich nicht ausgeschlossen werden sollte. Nur in diesem Fall jedoch wäre es den Ländern verwehrt, eine sittliche Arbeitspflicht zu normieren.

Das Grundgesetz fordert, daß die Bundesrepublik Deutschland ein Sozialstaat zu sein hat (Art. 20 Abs. 1 GG). Dasselbe gilt für die Länder (Art. 28 Abs. 1 GG). Ausfluß des Sozialstaatsprinzips ist es u. a., die wirtschaftliche und kulturelle Lebensfähigkeit jeder Schicht oder Gruppe, aber auch jedes einzelnen, auf einem angemessenen Niveau einzuräumen. Hierzu ist es z. B. auch erforderlich, das unverschuldet in Not Geratenen geholfen wird (z. B. durch Sozialhilfe). Solche Hilfe kann letztlich nur durch die Arbeit anderer erbracht werden. Ein Teil der

---

[165] Vgl. *Bachof*, in: Bettermann / Nipperdey / Scheuner, S. 259, Fn. 394; *Ballerstedt*, in: Bettermann / Nipperdey / Scheuner, S. 88; *Meder*, LV Bay, Art. 166, Rdn. 3; neulich gerade BVerfG, Beschluß v. 21. 10. 1981 — 1 BvR 52/81 — m. w. N.
[166] BGBl. II S. 14.

Kehrseite des Sozialstaatsprinzips ist daher auch die sittliche Pflicht zur Arbeit, da schlechterdings nicht verlangt werden kann, daß die Gemeinschaft ihre Arbeitskraft für andere aufwendet, die ihrer sittlichen Pflicht zur Arbeit nicht nachkommen, obwohl sie es ohne weiteres könnten.

Art. 53 Abs. 2 LV R-P ist somit auch bezüglich der normierten sittlichen Pflicht zur Arbeit wirksam[167].

---

[167] Ebenso *Armbruster*, Gutachten, S. 26; *Bachof*, in: Bettermann / Nipperdey / Scheuner, S. 259, Fn. 394; *Ballerstedt*, in: Bettermann, Nipperdey / Scheuner, S. 88; *Meder*, LV Bay, Art. 166, Rdn. 3; a. A. *Mayer*, Gutachten, S. 18.

Literaturverzeichnis

Anschütz, Gerhard: Die Verfassung des Deutschen Reiches vom 11. August 1919, 14. Aufl., Berlin, 1933.

Anschütz, Gerhard / *Thoma*, Richard (Hrsg.): Handbuch des Deutschen Staatsrechts, Bd. 1 (1930), Bd. 2 (1932), Tübingen.

Armbruster, Hubert: Gutachten zur Wirtschafts- und Sozialordnung der Verfassung von Rheinland-Pfalz, erstattet im Auftrag des Deutschen Gewerkschaftsbundes, Landesbezirk Rheinland-Pfalz, Mainz, Kaiserstr. 26-40 (veröffentl. in 1967).

Bachof, Otto: Begriff und Wesen des sozialen Rechtsstaats, VVDStRL 12 (1954), S. 37 ff.

— Das Ende des deutschen Verwaltungsrechts?, DÖV 1958, S. 27 ff.

— Freiheit des Berufs, in: Bettermann / Nipperdey / Scheuner, S. 155 ff.

Badura, Peter: Grundfreiheiten der Arbeit. Zur Frage einer Kodifikation „sozialer Grundrechte", in: Festschr. für Friedrich Berber, 1973, S. 11 ff.

Ballerstedt, Kurt: Wirtschaftsverfassungsrecht, in: Bettermann / Nipperdey / Scheuner, S. 1 ff.

Barbey, Günther: Bundesrecht bricht Landesrecht, DÖV 1960, S. 566 ff.

Barschel, Uwe / *Gebel*, Volkram: Landessatzung für Schleswig-Holstein, Kommentar, Neumünster, 1976.

Bäumler, Helmut: Abschied von der grundgesetzlich festgelegten „Wirtschaftsverfassung", DÖV 1979, S. 325 ff.

Bayer, Hermann-Wilfried: Die Bundestreue, Tübingen, 1961.

Benda, Ernst: Sozialstaatsklausel in der Rechtsprechung des Bundesarbeitsgerichts und des Bundesverfassungsgerichts, RdA 1979, S. 1 ff.

— Gedanken zum Sozialstaat, RdA 1981, S. 137 ff.

Berhardt, Rudolf: Art. 31 GG, Zweitbearbeitung, in: BK, Hamburg, 1950 ff., 1966.

Bettermann, Karl August / *Nipperdey*, Hans Carl / *Scheuner*, Ulrich (Hrsg.): Die Grundrechte, Handbuch der Theorie und der Praxis der Grundrechte, Bd. III/1. Berlin, 1958.

Beutler, Bengt: Die Landesverfassungen in der gegenwärtigen Verfassungsdiskussion, JöR, N.F. Bd. 26 (1977), S. 1 ff.

Bleckmann, Albert: Der Verfassungsvorbehalt, JZ 1978, S. 221 ff.

Böckenförde, Ernst-Wolfgang / *Grawert*, Rolf: Kollisionsfälle und Geltungsprobleme im Verhältnis von Bundesrecht und Landesverfassung, DÖV 1971, S. 119 ff.

Bonner Kommentar: Bearbeitet von Abraham u. a., Hamburg, 1950 ff.

Brinkmann, Karl (Hrsg.): Grundrechtskommentar zum Grundgesetz für die Bundesrepublik Deutschland, 1968.

De Clerck, Hans / *Schmidt*, Walter: Polizeiverwaltungsgesetz von Rheinland-Pfalz i. d. F. v. 29. 6. 1973 (GVBl. S. 180), Loseblatt-Kommentar, 4. Aufl., 1974 (Stand: Juni 1979).

Deneke, J. / *Neumann*, Dirk: Arbeitszeitordnung, Kommentar, 8. Aufl., München, 1973.

Dennewitz, Bodo: Das Bonner Grundgesetz und die westdeutschen Landesverfassungen, DÖV 1949, S. 341 ff.

Deuerlein, Ernst: Föderalismus, Die historischen und philosophischen Grundlagen des föderalen Prinzips, München, 1972.

Dicke, Detlev Chr.: Art. 14, 15 GG, Kommentierung in: v. Münch, GG-Kom., Bd. I, München, 1975.

Doehl: Reichsrecht bricht Landesrecht, AöR, Bd. 51 (1927), S. 37 ff.

Doehring, Karl: Das Staatsrecht der Bundesrepublik Deutschland unter besonderer Berücksichtigung der Rechtsvergleichung und des Völkerrechts, 2. Aufl., Frankfurt/M., 1980.

v. Doemming, Klaus-Berto / *Füßlein*, Rudolf Werner / *Matz*, Werner: Entstehungsgeschichte der Artikel des Grundgesetzes, JöR, N.F. Bd. 1 (1951).

Drexelius, Wilhelm / *Weber*, Renatus: Die Verfassung der Freien und Hansestadt Hamburg vom 6. Juni 1952, Kommentar, Berlin, New York, 1972.

Feuchte, Paul: Die verfassungsrechtliche Entwicklung im Land Baden-Württemberg 1971 bis 1978, JöR, N.F. Bd. 27 (1978), S. 167 ff.

Fleiner, Fritz: Bundesstaatliche und gliedstaatliche Rechtsordnung, VVDStRL 6 (1929), S. 2 ff.

Forsthoff, Ernst: Begriff und Wesen des sozialen Rechtsstaats, VVDStRL 12 (1954), S. 8 ff.

Friesenhahn, Ernst: Zur Indemnität der Abgeordneten in Bund und Ländern, DÖV 1981, S. 512 ff.

— Zur Zuständigkeitsabgrenzung zwischen Bundesverfassungsgerichtsbarkeit und Landesverfassungsgerichtsbarkeit, in: BVerfG und GG, Festgabe aus Anlaß des 25jährigen Bestehens des BVerfGs, Bd. I, Tübingen, 1976, S. 748 ff.

Geiger, Willi: Die Bundesverfassungsgerichtsbarkeit in ihrem Verhältnis zur Landesverfassungsgerichtsbarkeit und ihre Einwirkung auf die Verfassungsordnung der Länder, in: Verfassung und Verwaltung, Festschr. für W. Laforet, München, 1952, S. 251 ff.

— Sondervotum zu BVerfGE 36, 342 ff., in: BVerfGE 36, 369 ff.

Geller / Kleinrahm: Die Verfassung des Landes Nordrhein-Westfalen, Kommentar, bearbeitet von Kurt Kleinrahm und Hans-Joachim Fleck, 2. Aufl., Göppingen, 1963.

— Die Verfassung des Landes Nordrhein-Westfalen, Kommentar, bearbeitet von Kurt Kleinrahm und Alfred Dickersbach, 3. Aufl., Göppingen, Loseblatt (Stand: 1977).

Giese, Friedrich / *Schunck*, Egon: Grundgesetz für die Bundesrepublik Deutschland, Kommentar, 9. Aufl., Frankfurt/M., 1976.

Groß, Rolf: Die Entwicklung des Hessischen Verfassungsrechts von 1972 bis 1980, JöR, N.F. Bd. 29 (1980), S. 352 ff.

Gubelt, Manfred: Art. 30, 31 GG, Kommentierung in: v. Münch, GG-Kom., Bd. II, München, 1976.

Haas: Landesrecht vor Bundesgerichten?, DVBl. 1957, S. 368 ff.

Hablitzel, Hans: Wirtschaftsverfassung und Grundgesetz, BayVBl. 1981, S. 65 ff. und S. 100 ff.

Hamann, Andreas: Deutsches Wirtschaftsverfassungsrecht, Neuwied, Berlin, Darmstadt, 1958.

Hamann, Andreas / *Lenz,* Helmut: Das Grundgesetz für die Bundesrepublik Deutschland vom 23. Mai 1949. Ein Kommentar für Wissenschaft und Praxis, 3. Aufl., Berlin, Neuwied, 1970.

Hanau, Peter / *Adomeit,* Klaus: Arbeitsrecht, 5. Aufl., Frankfurt/M., 1978.

Henke, Wilhelm: Zum Verfassungsprinzip der Republik, JZ 1981, S. 249.

Hensel, Albert: Die Rangordnung der Rechtsquellen, insb. das Verhältnis von Reichs- und Landesgesetzgebung, in: HdbDStR, Bd. II, 1932, S. 313 ff.

Herschel, Wilhelm: Das Arbeitsrecht, in: Bettermann / Nipperdey / Scheuner, S. 325 ff.

Herzog, Roman: Bundes- und Landesstaatsgewalt im demokratischen Bundesstaat, DÖV 1962, S. 81 ff.

— Interview in der Staatszeitung Rheinland-Pfalz vom 10. 4. 1978.

— Sozialstaatlichkeit, Kommentierung von Art. 20 GG in: M / D / H / S, GG, 1976/80.

Hesse, Konrad: Der unitarische Bundesstaat, Karlsruhe, 1962.

— Grundzüge des Verfassungsrechts der Bundesrepublik Deutschland, 12. Aufl., Heidelberg, Karlsruhe, 1980.

Horn, Hans-Rudolf: Legitimation und Grenzen der Exekutive. Vergleichende Betrachtungen zur gegenwärtigen Verfassungsentwicklung in Mexiko und der Bundesrepublik Deutschland, Berlin, 1979.

Huber, Ernst-Rudolf: Der Streit um das Wirtschaftsverfassungsrecht, DÖV 1956, S. 97 ff., 135 ff., 172 ff., 200 ff.

— Wirtschaftsverwaltungsrecht, 2. Aufl., Tübingen, Bd. I (1953), Bd. II (1954).

Isele, Helmut Georg: Rechtsprobleme staatlicher Schlichtung. Zum Rheinland-Pfälzischen Landesgesetz über das Ausgleichs- und Schlichtungsverfahren in Arbeitsstreitigkeiten vom 30. 3. 1949, Mainz, 1967.

Isensee, Josef: Fortgeltung des saarländischen Sozialisierungsartikels unter dem Grundgesetz, DÖV 1978, S. 233 ff.

— Republik — Sinnpotential eines Begriffs. Begriffsgeschichtliche Stichproben, JZ 1981, S. 1 ff.

Jutzi, Siegfried: Die Deutschen Schulen im Ausland. Eine Untersuchung der Zuständigkeitsverteilung zwischen dem Bund und den Ländern nach dem Grundgesetz für die Bundesrepublik Deutschland, Baden-Baden, 1976.

— Verfassungsprobleme einer erweiterten Bundeszuständigkeit im Bildungswesen, JuS 1978, S. 447 ff.

Kimminich, Otto: Art. 15 GG, Zweitbearbeitung, in: BK, Hamburg, 1950 ff., 1965.

— Die öffentlichrechtlichen Entschädigungspflichten, JuS 1969, S. 349 ff.

Klaas, Helmut: Die Verfassung für Rheinland-Pfalz, Entstehungsstufen und Beratungen, in: Die Entstehungsstufen der Verfassung für Rheinland-Pfalz. Eine Dokumentation, Boppard, 1978, S. 33 ff.

Kloepfer, Michael: Datenschutz als Grundrecht, Königstein, 1980.

Kölble, Josef: Die hoheitliche Gewalt des Bundes und die Staatsgewalt der Länder, DÖV 1962, S. 661 ff.
— Grundgesetz und Landesstaatsgewalt, DÖV 1962, S. 583 ff.
Kratzer, Jakob: Artikel 142 des Grundgesetzes und die Grundrechte in der Bayerischen Verfassung, in: Festschr. für W. Laforet, München, 1952, S. 107 ff.
Krause, Peter: Verfassungsentwicklung im Saarland 1958—1979, JöR, N.F. Bd. 29 (1980), S. 393 ff.
Kriele, Martin: Das demokratische Prinzip im Grundgesetz, VVDStRL 29 (1971), S. 46 ff.
Krüger, Herbert: Sozialisierung, in: Bettermann / Nipperdey / Scheuner, S. 267 ff.
Laband, Paul: Das Staatsrecht des Deutschen Reiches, Bd. 1 und 2, 5. Aufl., Tübingen, 1911.
Leibholz, G. / *Rinck,* H. J.: Grundgesetz für die Bundesrepublik Deutschland, Kom. an Hand der Rspr. des BVerfGs, 6. Aufl., Loseblatt (Stand: 11/1980).
Lerche, Peter: Die Rechtsprechung des Bundesverfassungsgerichts in Berliner Fragen, in: BVerfG und GG, Festgabe aus Anlaß des 25jährigen Bestehens des BVerfGs, Bd. I, Tübingen, 1976, S. 715 ff.
— Das Bundesverfassungsgericht und die Verfassungsdirektiven, AöR, Bd. 90 (1965), S. 341 ff.
Liesegang, Helmuth C. F.: Die verfassungsrechtliche Ordnung der Wirtschaft, Zentralfragen und Strukturprinzipien unter besonderer Berücksichtigung grundrechtstheoretischer Überlegungen, Hamburg, 1977.
Linck, Joachim: Zum Stimmrecht von Bürgermeistern und Landräten in Rheinland-Pfalz, DÖV 1981, S. 11 ff.
v. Löhneysen, Hibert Freiherr: Kommunalwahlrecht für Ausländer, DÖV 1981, S. 330 ff.
Majer, Diemut: Verfassungsgerichtsbarkeit und Bund-Länder-Konflikte, Berlin, München, 1981.
v. Mangoldt, Hermann: Das Bonner Grundgesetz, 1. Aufl., Berlin, Frankfurt/M., 1953.
v. Mangoldt, Hermann / *Klein,* Friedrich: Das Bonner Grundgesetz, Kommentar, 2. Aufl., Bd. I (1957), Bd. II (1964), Berlin, Frankfurt, Bd. III (1974), München.
Maunz, Theodor: Deutsches Staatsrecht, 23. Aufl., München, 1980.
— Wandlungen des verfassungsrechtlichen Eigentumsschutzes, BayVBl. 1981, S. 321 ff.
Maunz, Theodor / *Dürig,* Günter / *Herzog,* Roman / *Scholz,* Rupert: Grundgesetz, Kommentar, Loseblatt (Stand: 1980).
Mayer, Franz: Gestaltung der Wirtschafts- und Sozialordnung. Die landesrechtlichen Möglichkeiten der Gesetzgebung und Verwaltung im Lande Rheinland-Pfalz, Rechtsgutachten im Auftrag der Landesregierung Rheinland-Pfalz, Hrsg. von der Staatskanzlei Rheinland-Pfalz, 1967.
Mayer, Franz / *Ule,* Carl Hermann: Staats- und Verwaltungsrecht in Rheinland-Pfalz, Stuttgart, 1969.
Meder, Theodor: Die Verfassung des Freistaates Bayern, Handkommentar, 2. Aufl., 1978.

Meisel, Peter G. / *Hiersemann*, Walter: Arbeitszeitordnung, Kommentar, Berlin, Frankfurt, 1970.

Menzel, Eberhard: Art. 15 GG, in: BK, Hamburg, 1950 ff.

Milleker, Erich: Kompetenzkonflikt zwischen Bundesverfassungsgericht und einem Landesverfassungsgericht im Rahmen der Verfassungsbeschwerde, DVBl. 1969, S. 129 ff.

Müller, Otto: Landesgrundrechte und Bundesgrundrechte, Diss. Heidelberg, 1961/1964.

v. Münch, Ingo (Hrsg.): Grundgesetz-Kommentar, München, Bd. I (1975), Bd. II (1976), Bd. III (1978).

— Art. 70 ff., 142 GG, Kommentierung in: v. Münch, GG-Kom., Bd. III, München, 1978.

v. Mutius, Adalbert: Zum Verhältnis von gleichlautendem Bundes- und Landesverfassungsrecht, VerwArch, Bd. 66 (1975), S. 161 ff.

Nachschlagewerk der Rechtsprechung des Bundesverfassungsgerichts: Hrsg. vom BVerfG, Loseblatt (Stand: März 1981).

Neumann, Franz L. / *Nipperdey*, Hans Carl / *Scheuner*, Ulrich (Hrsg.): Die Grundrechte, Handbuch der Theorie und der Praxis der Grundrechte, Bd. II, Berlin, 1954.

v. Olshausen, Henning: Bundesrechtliche Teilordnung und Grundrechte nach Landesverfassungsrecht, in: Rechtsfragen im Spektrum des Öffentlichen, Festschr. für H. Armbruster, 1976, S. 173 ff.

— Landesverfassungsbeschwerde und Bundesrecht, Baden-Baden, 1980.

Ossenbühl, Fritz: Kernenergie im Spiegel des Verfassungsrechts, DÖV 1981, S. 1 ff.

Pfennig, Gero / *Neumann*, Manfred J.: Verfassung von Berlin, Kommentar, Berlin, New York, 1978.

Ramm, Thilo: Die soziale Ordnung in der Hessischen Verfassung, in: 30 Jahre Hessische Verfassung 1946—1976, Wiesbaden, 1976, S. 204 ff.

Reuß, Wilhelm: Die Organisation der Wirtschaft, in: Bettermann / Nipperdey / Scheuner, S. 91 ff.

Rojahn, Ondolf: Art. 25 GG, Kommentierung in: v. Münch, GG-Kom., Bd. II, München, 1976.

Roters, Wolfgang: Art. 28 GG, Kommentierung in: v. Münch, GG-Kom., Bd. II, München, 1976.

Rudolf, Walter: Internationale Beziehungen der deutschen Länder, in: Archiv des Völkerrechts, Bd. 13 (1966/67), S. 53 ff.

— Die Bundesstaatlichkeit in der Rechtsprechung des Bundesverfassungsgerichts, in: BVerfG und GG, Festgabe aus Anlaß des 25jährigen Bestehens des BVerfGs, Bd. I, Tübingen, 1976, S. 233 ff.

— Bund und Länder im aktuellen deutschen Verfassungsrecht, Bad Homburg v. d. H., Berlin, Zürich, 1968.

— Völkerrecht und deutsches Recht. Theoretische und dogmatische Untersuchungen über die Anwendung völkerrechtlicher Normen in der Bundesrepublik Deutschland, Tübingen, 1967.

Rupp, Hans-Heinrich: Urteilsanmerkung, DVBl. 1972, S. 232.

— Verwaltungsrecht. Allgemeine Lehren, in: Weber-Fas (Hrsg.), Jurisprudenz, Stuttgart, 1978, S. 589 ff.

Schäfer, Hans: Die Rechtsprechung des Verfassungsgerichtshofs von Rheinland-Pfalz, JZ 1954, S. 148 ff.

— Urteilsanmerkung, JZ 1951, S. 694 ff.

Schlußbericht der Enquête-Kommission Verfassungsreform des Deutschen Bundestages: Beratungen und Empfehlungen zur Verfassungsreform, in: Zur Sache 3/76 und 2/77, Hrsg. vom Presse- und Informationszentrum des Deutschen Bundestages.

Schmidt, Reimer: Wirtschaftspolitik und Wirtschaftsverfassung, Grundprobleme, Baden-Baden, 1971.

Schmidt-Bleibtreu, Bruno / *Klein*, Franz: Kommentar zum Grundgesetz für die Bundesrepublik Deutschland, 4. Aufl., Neuwied, Darmstadt, 1977.

Scholz, Rupert: Entflechtung und Verfassung, Baden-Baden, 1981.

— Parlamentarischer Untersuchungsausschuß und Steuergeheimnis, AöR, Bd. 105 (1980), S. 564 ff.

Schramm, Theodor: Staatsrecht, 2. Aufl., Köln, Berlin, Bd. I (1977), Bd. II (1979), Bd. III (1981).

Schreckenberger, Waldemar: Föderalismus als politischer Handlungsspielraum, VerwArch, Bd. 69 (1978), S. 341 ff.

Schunck, E. / *De Clerck*, H.: Allgemeines Staatsrecht des Bundes und der Länder, 9. Aufl., Sieburg, 1980.

Seebald, Rudolf: Nochmals: Fortgeltung des saarländischen Sozialisierungsartikels unter dem Grundgesetz?, DÖV 1978, S. 645 ff.

v. Simson, Werner: Das demokratische Prinzip im Grundgesetz, VVDStRL 29 (1971), S. 3 ff.

Söllner, Alfred: Arbeitsrecht, 6. Aufl., Stuttgart, Berlin, 1978.

Starck, Christian: Staatliche Organisation und staatliche Finanzierung als Hilfen zur Grundrechtsverwirklichung, in: BVerfG und GG, Festgabe aus Anlaß des 25jährigen Bestehens des BVerfGs, Bd. II, Tübingen, 1976, S. 480 ff.

Stein, Erwin: Grundgesetz und Hessische Verfassung, in: Hessische Hochschulwoche für staatswissenschaftliche Fortbildung, 30. September bis 10. Oktober 1953 in Bad Salzschlirf, Bad Homburg, Berlin, 1954, S. 99 ff.

Stern, Klaus: Art. 28 GG, Zweitbearbeitung, in: BK, Hamburg, 1950 ff., 1964.

— Das Staatsrecht der Bundesrepublik Deutschland, München, Bd. I (1977), Bd. II (1980).

Süsterhenn, Adolf / *Schäfer*, Hans: Kommentar der Verfassung für Rheinland-Pfalz, Koblenz, 1950.

Tomuschat, Christian: Verfassungsgewohnheitsrecht?, 1972.

Walter, Hannfried: Urteilsanmerkung, NJW 1974, S. 1815 ff.

Wank, Rolf: Das Recht auf Arbeit im Verfassungsrecht und im Arbeitsrecht, Königstein/Ts., 1980.

Weber, Werner: Eigentum und Enteignung, in: Neumann / Nipperdey / Scheuner, S. 331 ff.

Wolff, Hans Julius / *Bachof*, Otto: Verwaltungsrecht, München, Bd. I (1974), Bd. II (1976).

Zacher, Hans F.: Zur sozialen Programmatik der Bayerischen Verfassung, in: Verfassung und Verfassungsrechtsprechung, Festschr. zum 25jährigen Bestehen des Bayerischen Verfassungsgerichtshofes, München, 1972, S. 95 ff.

Zinn, Georg August / *Stein*, Erwin: Die Verfassung des Landes Hessen, Kommentar, Bad Homburg v. d. H., Bd. I (1954), Bd. II Loseblatt (Stand: 1980).

Zippelius, Reinhold: Allgemeine Staatslehre, 7. Aufl., München, 1980.

— Evangelisches Staatslexikon, Stichwort: Grundrechte, 2. Aufl., Stuttgart, Berlin, 1975.

— Verfassungskonforme Auslegung von Gesetzen, in: BVerfG und GG, Festgabe aus Anlaß des 25jährigen Bestehens des BVerfGs, Bd. II, Tübingen, 1976, S. 108 ff.

Zulegg, Manfred: Die Gesetzgebungsbefugnis des Bundes und der Länder im Recht der Enteignung und Aufopferung, DVBl. 1963, S. 320 ff.

Printed by Libri Plureos GmbH
in Hamburg, Germany